U0002606

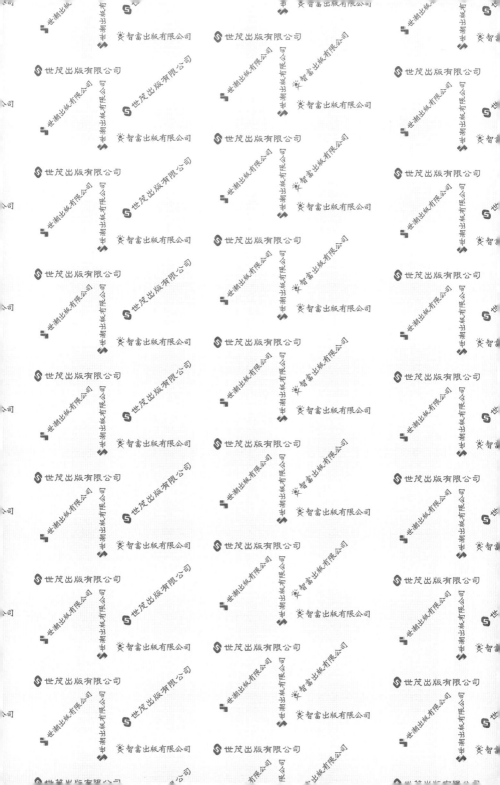

# FOOD ROOTS

THE FOODS THAT CHANGED THE WAY WE EAT WITH
27 ORIGINAL RECIPES FROM BOXTY TO SUCCOTASH

## 食物的遠征如何改變人類飲食，定義文明

# 開箱歷「食」

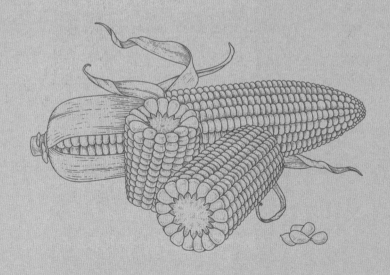

Drew Smith
德魯・史密斯 —— 著　　陳中偉 —— 譯

# 目錄

前言...................................................................... 8

世界的盡頭........................................................... 11

**第1章　蘭姆酒狂熱和砂糖—世界如何嗜甜如命**.......19

16世紀的早期探險者們為了將砂糖送回歐洲,在中南美洲快速
建設了蔗糖栽植園和磨坊。一個未曾預料會廣受好評的副產
品——蘭姆酒。

專欄:甘蔗的最大競爭對手:甜菜..................................34

**第2章　玉米與其姊妹—中美洲三寶解救了移居者**....37

歐洲移民發現,在中美洲的人造島嶼(漂浮花園)上,有三種
對他們的生存有極關鍵幫助的食物。

專欄:鹼法烹製的魔法..................................................45

專欄:豆煮玉米:美洲的本土料理...................................54

**第3章　高高在上—美國如何愛上豬肉**.........................55

十三種豬在佛羅里達野化,開創了美國的豬肉產業。

專欄:肋排的由來..........................................................63

專欄:熱狗與狄克西涼拌高麗菜(Dixie Slaws)...............68

**第 4 章　蒙特祖馬的祕密—從可可豆到巧克力**............77

西班牙征服者埃爾南・科爾特斯（Hernán Cortés）如何偷走阿茲特克帝國的可可豆食譜，與美國人發明了好時巧克力棒（Hershey Bar）。

專欄：新世界的第一道菜餚....................................86

**第 5 章　有毒的塊莖—歐洲人如何愛上馬鈴薯**..........93

在幾百年間被避之唯恐不及後，馬鈴薯成為世界上最廣為食用的碳水化合物。

專欄：薯條佐任何東西........................................98

**第 6 章　當東方遇上西方—傳遍世界的奴隸菜餚**......107

米飯和豆子如何成為哥倫布大交換的象徵。

專欄：一團豆子..............................................112

**第 7 章　火雞的長途慢跑—**
**　　　　　野生禽類如何成為移居者的大餐**................117

非常不尋常的鳥類擁有崇高地位。

專欄：莎拉・約瑟夫・海爾的第一個感恩節....................125

**第 8 章　小麥的革命—超越黑色風暴事件的科學**......129

麵包如何成為生命的原料。

## 第 9 章　尋找香料—辣椒、大蒜和香草......141

恐懼和迷信如何將香料帶進廚房。

專欄：調味之地......149

## 第 10 章　柑橘和壞血病—水果如何成為藥物......167

柑橘類水果如何遍及全世界並改變了政治面貌與食物的命運。

## 第 11 章　從果園到栽植園—香蕉、酪梨和番茄......177

水果的栽種如何成為龐大的商業生意。危險的香蕉政治。

專欄：從罐裝到罐頭......190

## 第 12 章　四足野獸—在靶場上的家......195

野牛如何被狩獵到瀕臨絕種。家牛和牛仔成為新世界的諷刺象徵。

專欄：漢堡的歷史......202

## 後記—絲綢之路：皇帝的新衣服......209

在古代中國微不足道的莓果如何造就從絲綢到紙張的旅程

哥倫布大交換......217

參考書目......219

# 特色食譜

殖民者派對酒（Planter's Punch）.............................. 30

莫希托和海明威（Mojitos and Hemingway）...................... 30

第一個果醬食譜（The First Jam Recipe）...................... 35

常見布丁醬（Common Pudding Sauce）........................ 35

煎鍋玉米麵包（Skillet Cornbread）........................... 42

墨西哥薄餅（Tortillas）.................................... 42

玉米粉蒸肉（Tamales Made Using Ground Hominy）.......... 50

料理的形式（The Forme of Cury）.......................... 72

烤豬（To Barbecue a Pig）................................. 72

墨西哥式巧克力玉米飲（Mexican Chocolate Atole）.......... 82

第一塊巧克力蛋糕（The First Chocolate Cake）............. 91

愛爾蘭馬鈴薯煎餅（Boxty）............................... 106

黑豆與米飯（摩爾人和基督教徒）

〔Beans and Rice（Moros y Cristianos）〕............... 116

豆泥（Frijoles）......................................... 116

打碎骨頭：拉出野禽肉

（Break All the Bones: Pulled Fowl）...................................... 128

第一道通心粉和起司（The First Mac and Cheese）........... 139

辣椒醬（Chilli Sauce）...................................................... 152

四十瓣大蒜雞（Chicken with 40 Garlic Cloves）.............. 159

香草冰淇淋（Vanilla ice cream）...................................... 165

醃檸檬（Pickled Lemons）................................................. 175

酸菜（Sauerkraut）........................................................... 175

香蕉船（Banana Split）..................................................... 183

香蕉太妃派（Banoffe Pies）............................................. 183

羅倫佐的名醬（Lorenzo's Famous Sauce）........................ 186

原汁原味的番茄醬（The Original Tomato Catsup）........... 193

法式橄欖檸檬蒜醬（Sauce Vierge）................................... 193

一碗紅醬（A Bowl of Red）.............................................. 204

# 前言

當哥倫布首次發現新大陸，或他以為是印度的那塊土地，就對自己能帶回去的金銀珠寶——黃金、白銀、香料和珍珠，感到極為興奮。但使所有財寶黯然失色、也更為重要的是他及其他探索者將要帶回的食物。美洲沒有任何馬、豬、麵包的原料小麥、釀造葡萄酒及啤酒的葡萄和大麥。數十年後，船隻逐漸將一些我們今天都習以為常的食物帶回非洲、亞洲和歐洲，像是馬鈴薯、番茄、玉米和辣椒。而在新大陸，也種植從亞洲帶來的作物，像是常見的蔗糖、橘子、大蒜和稻米。新舊世界的融合，在生物學上的意義是細胞核比例的擴張，這塑造了全世界人們農耕、烹飪和飲食的方式——也就是我們最基礎的生活方式。

在日常工作中，作為一名廚師和作家，我對於食物從何而來很感興趣，包括是否為有機種植、是什麼品種的、用什麼方式種出來的等等。如果你喜歡更宏大的視野，下一階段

的探詢將會令你產生更多疑問。為什麼是番茄？為什麼在這裡？說到底，番茄是什麼？它從哪裡來？為什麼是番茄而不是其他種水果（在臺灣，大番茄屬於蔬菜類；小番茄屬於水果類）？同樣的問題也適用在陳列在超級市場或在小農市集上的兜售作物。它們是什麼？為什麼是這些？為什麼不是其他的？誰烤了第一顆豆子？為什麼要用烤的？又是誰想出炸薯片這種方式的？

在不久前的幾個世紀，美洲和歐洲並非伊甸園，兩者都生長著無數的灌木叢和森林，令人生懼的蠻荒大地也是凶蠻野獸的樂園。栽種和儲存食物是一件日復一日、消磨生命的任務，這些土地是如何變得可以農業耕作的？以及為什麼——至少在西方——我們的早餐會吃火腿和雞蛋？

如果可以回到過去，我們所找到的食物會跟現在的完全不同。肉會很硬而且煮過頭，菜會又大又無味，魚大概會又老又臭，麵包吃起來像在啃紙，還有奇怪的東西懸浮在果凍裡。日常生活用品也不會一樣。這對已經習慣了生活在現代、有多樣性選擇的我們來說，那個時代的生活實在過於乏味了。

　　不光是味道改變，甚至連生活記憶也是（你只須要試著用幾本年代較久的食譜，就會知道我們進步得很快）。同時，細小到難以察覺的改變也正在對我們的飲食產生潛移默化的影響。種子圖鑑顯示了上百甚至上千種蔬菜品種從未在店鋪裡販售過，畜牧業從農場移進了實驗室，農夫也升級了穀物的來源以提升產量，雖然在麵包烘焙上仍然有一大堆從小麥而來的詞，但今日的小麥已經和幾十年前的不可同日而語，更別提一個世紀或以上的了。它們所生長的土壤也大不相同，朝聖先輩（Pilgrim Fathers）*甚至沒有任何麵包——或沒有我們稱為麵包的東西——可以提供給每天來朝聖的人。這個傳統雖然一直延續到了今天，但早已是完全不同的兩件事了。

---

*編註：普利茅斯殖民地（今美國麻薩諸塞州普利茅斯）的早期歐洲定居者。

# 世界的盡頭

## 卡拉克和卡拉維爾：這一切如何開始

舊世界止於撒哈拉海岸的博哈多爾角，今日的加那利群島南邊。對一個舊世界的水手來說，博哈多爾角正是世界的盡頭。在西元1400年前，從來沒有人航行到更南邊的地方並返回，這就是地平說中的墜落之處。它曾是地獄，即便對那些知道它連接著穆斯林阿拉伯沙漠的基督徒水手而言，它仍是地獄。

有些科學可以解釋這件事。博哈多爾的蒸騰淺灘延伸進入大西洋超過三公里，含鐵的礁岩會使羅盤旋轉，水手因此傳言，此處的海水甚至會拔出船體的鐵釘。風會猛然轉向東北方，設計用來航行在平靜地中海域的重型大帆船並無法駕馭這股自然的野性。

15世紀時，面對大西洋的葡萄牙在大陸上被圍困，極力尋找方法，以期能夠打破被西班牙、義大利和鄂圖曼土耳其帝國主宰的地中海貿易困境。葡萄牙王室的三王子亨利，向

工匠委託製造出讓他成為航海傳奇的全新船隻，他所要求的是一艘能夠避開地獄的船隻。

15世紀初的幾十年，應亨利王子的要求，卡拉維爾帆船誕生了——風格仿造阿拉伯式的漁船，比現有的船隻都更輕盈靈巧，並配置著長形的三角帆。接著出產的是更堅固的卡拉克帆船，配有如城堡一般的船舷（用於防禦）和船艙（用於裝載貨物）。隨著風帆擺正，其穩固程度足以抵禦大西洋上的強風。

卡拉克帆船是又重又慢的貨船，達百噸重，也就是一百桶紅酒的重量。在海上難以取得淡水，作為裝載珍貴鹽漬肉的代價，水手只能吃硬餅乾和自己捕的魚。亨利率領這些船隻，為葡萄牙開拓了新領土。他先在1415年奪取了摩洛哥海岸的休達海盜基地，接著在1420年和1427年又分別拿下了馬德拉島與亞速群島。

1433年，葡萄牙航海家吉爾・伊恩斯（Gil Eanes）航向博哈多爾角，然後順利回到了葡萄牙。隔了一年，他又航行了一次，且成功繞開了危險的海岸。他回報航行過的博哈多爾角地理形勢，說那裡的水域更加平靜，土壤更為肥沃。為

了證明他所言為真，他甚至帶回了一朵玫瑰，而這朵玫瑰就預示著探險和征服的時代即將來臨。十年內，第一批非洲奴隸被帶回里斯本，再下一個十年內，每年都進行著數千萬奴隸的交易。

這時的伊恩斯已經變成一位為亨利王子服務的肥胖中年貴族，不再是水手了。他打破了地中海思維的禁忌，成為第一個駕馭大西洋新世界並歸來的人。現今，阿爾加維的拉古什矗立著他的雕像，而這裡，也是一個多采多姿的漁港。

## 一個狹小的架子

有個非常簡單的圖像能夠幫助我闡述這個故事的基礎和影響。根據當時相似船隻的估計，有32年船齡的卡拉克帆船聖瑪利亞號可能長70英尺，寬19英尺。它搭載著40名船員，大小是1330平方英尺或120平方公尺，相當於紐約市公寓的大小。也就是說，40個人擠在只能給一個家庭居住的空間中五個星期。因此我們可以得出一個顯而易見的結論，當時人的身材比我們還要矮小許多。

1492年，一縷輕風在聖誕節吹拂著卡聖瑪利亞號的風

帆，歐洲人第一次看到了巴哈馬的海岸線。自人類文明起始以來，世界的軸心發生了根本且不可逆地傾斜。不論是歐洲探險者還是非歐洲的原住民，都將遭遇做夢也沒想到的事。最重要的發現並非是那些被探險者們搜刮的財寶，也不是那些即將被交易的皮草，甚至不是那些即將奪走殖民者和原住民生命的駭人疾病，而是更基礎的，至少對我們那些存活下來的祖先們來說，是從舊世界移植的作物和從新世界帶回來的食物。因為這些東西，預示著早期現代的到來。

現在對我們來說是理所當然的東西——馬鈴薯、番茄、玉米、巧克力和棉花——越過大西洋被運到歐洲，而稻米則走了另一條路。花椰菜、葡萄酒和蔗糖的路徑相同。這也是美洲人首次見到馬、豬、牛和蜜蜂。

令人驚訝的是，1492年時，美洲所有的植物和動物，竟只有不到100種關鍵食物留了下來。人們耕種、栽植、照料、澆灌和播種這些動植物，使之成為了現代歷史所依賴的基石。我們是仰仗著聰明才智、發明、貪婪和野心而活，即便到了現在，我們仍受此束縛而活在這個星球上。

在1492年前，哥倫布生活在地中海地區的狹隘環境中，

人們彼此爭鬥了好幾個世紀。人們的飲食基本上都以大麥或小麥粥為主，喝著淡啤酒和稀葡萄酒，在好日子裡才有鹹魚或肉可吃。這是斯巴達式的飲食，吃東西只是為了維持生存。遠征成功時，軍隊和貴族有機會前往更遠的地區掠奪。但對絕大多數人來說，日常的飲食侷限到令我們難以理解，時至今日，不太可能會有人願意過這樣的生活。在哥倫布的旅途中，攜帶著中世紀的醋、葡萄酒、橄欖油、糖蜜、起司、蜂蜜、葡萄乾、米飯、大蒜、杏仁、餅乾（壓縮）、鷹嘴豆、扁豆、豆子、鹽漬和桶裝沙丁魚、鳳尾魚、乾鹽鱈魚和醃製或醃漬肉類（牛肉和豬肉），以及麵粉鹽（鹽粉，salted flour），這些食物能明確反應出當時船員生活的景況。船員中有一名桶匠，他會負責檢查所有桶子的狀況並讓它們保持不會漏水。

## 異教野蠻人

哥倫布與他的40名船員登上聖瑪利亞號後，就產生了強烈的反響。當然，這個人從來就不必是哥倫布，後續事件也不是因他一人而起，但他卻最直觀地象徵著現代的開端。不

只是因為他發現了什麼，是因他擁有的船能環遊世界，並運送東西到各地。他能夠進行交易，所以在某種意義上，這艘船比他還更重要。這是有史以來第一次，世界真的被連結在一起。

隨著哥倫布的航行，已知世界從地中海的喧囂混亂轉移到大西洋的冰冷灰色大海上。隨之而來的則是被稱為「哥倫布大交換」的文化、農業、商業、生物學和政治接觸的海嘯。人類雖有勇氣探索，但發現的東西卻超出掌控範圍，通常需要花上數個世紀才能理解和評價，因而發生了這場海嘯。哥倫布一行人帶著高貴的野心而行，之後卻以最駭人的殘酷方式實現了他們的願景。

探險者們的克拉克帆船和卡拉維爾帆船越過地球上的各種生態系統，運送人員、食物和其他貨物，也一同帶去了文明的感染 ── 或他們更可能稱呼為對異教徒和野蠻人所進行的接種。

在所有探險者帶回的可食用植物被廣為接受之前，都須跨越教會這個巨大的難關。美洲人的黃金、白銀和有顏色的石頭都可以拿來裝飾歐洲教堂的祭壇、中殿和小教堂，但食

物卻不在《聖經》中，不來自於伊甸園，不知道是從何處來的。因此，鳳梨和胡椒等食物並沒有被用於料理中，而是作為貴族花園中的裝飾物和珍奇逸品。

　　探險者們在旅途中遇見的所有食物中，有一種所有港口都會將它裝載為補給品的食物。面對異邦的陌生植物，只有這種植物是他們可以輕鬆吃下肚的。在接下來的五百年內，這種食物對人們的飲食和健康都產生莫大的影響。這種食物就是糖。

# 第 1 章

# 蘭姆酒狂熱和砂糖

## 世界如何嗜甜如命

# 水手的津貼

1480年時，在加那利群島上就已建好了種植園，使得蔗糖在當時便成為早期葡萄牙探險者所熟知的商品。蔗糖獲利甚多，在熱帶地區很容易栽植，而現在又多了可以奴役的人工，可以在烈陽下不停的工作的。另外，還有一個有用的雙重目的，亦即造船所需的工藝——製造槓桿、車軸和鐵製品的桶匠——同樣能應用在製造榨取甘蔗汁的壓力機和液壓系統上。這便是早期的（也許是最初的）工業革命，非常適合這些剽悍、暴戾的水手去進行。

## 對甜食的渴望

甘蔗可能是最先被新幾內亞人栽培的，也許他們早在西元前8000年就這麼做了。甘蔗被印度水手帶往東方，他們啃食甘蔗，或是用磨碎的方式取得甘蔗汁。或是甘蔗這種作物其實過於笨重而難以利用小船或獨木舟搬運，因此我們可以

猜測，糖首次被載運上船是因為它是水手的津貼。

　　印度人大約在西元340年首次在大平底鍋中成功結晶化甘蔗汁，就跟鹽巴一樣。他們把研磨結晶化的糖與萊姆汁混合，並放在太陽下讓水分蒸發。這個技術在西元600年傳入中國，之後也傳入了阿拉伯，隨後糖和其他的香料一同被帶到了地中海地區。糖是一種砂狀的混合物，這點可以從它的名字看出端倪。糖的梵文是shakar，意思是礫石或沙子，而中國人則將其稱為「砂糖」。阿拉伯人首先完成甘蔗的種植園、磨坊和灌溉系統，並與其他香料一起出售。直到西元1100年，第一批十字軍帶回他們稱為「糖鹽」的東西，歐洲人才第一次嘗到糖的滋味。

　　想要讓甘蔗生長茁壯，需要水、溫暖的氣候和充足的勞動力（不論是否是自願的）。歐洲人將目光轉向他們的島嶼，並引進奴隸來在此種植和把糖水加工成可攜帶的結晶，這樣做可以避免被武裝掠奪集團侵占的風險。十字軍貴族和威尼斯商人都在賽普勒斯、黎巴嫩海岸的提爾以及西西里島種植蔗糖。航海家亨利在1425年引進甘蔗到馬德拉島，並於1480年在加那利群島上建立了種植園。

　　大西洋小島遠在城邦威尼斯的影響之外，有許多弗蘭芒人和熱那亞人的船隻進出，這得以讓非洲奴隸進入磨坊工作並將精煉糖貿易北擴至安特衛普——它最後成了歐洲的蔗糖首都。1480年，超過70艘船在比利時港從事蔗糖交易。到了1490年，馬德拉島取代賽普勒斯，成為蔗糖產量最高的島嶼，同時展開了甜酒交易事業。這些島嶼對卡拉維爾帆船第一次出航去新大陸也同樣重要，它們更是成為了大西洋探索的墊腳石。哥倫布在他的第二次出航時停留在加那利群島超過一個月，並帶上了甘蔗苗才繼續他的旅程。伊斯帕尼奧拉島在1501年時就已建好了蔗糖磨坊，而在半個世紀內，新大陸上就已有超過3000座建成的磨坊。蔗糖是哥倫布大交換的其中一個事例，實際上，蔗糖成了那些早期探險者可作為交易的貨物，也讓他們有了航向全世界的，而動機不只是航向新大陸。黃金和白銀可能是探險的戰利品，但蔗糖則讓航行大西洋有了意義，它讓人們產生出停留、移居與建造的念頭。

　　當西班牙人向北航行，葡萄牙人已發現了巴西，並在卡塔里納、德默拉拉和蘇利南建立了磨坊。潮濕的氣候適合種植甘蔗並蒸餾甘蔗汁，好將其轉為方便攜帶的結晶體。蔗

糖在歐洲居高不下的價格使這門生意有利可圖。在種植園裡工作是場謀殺，無數的原住民死於體力衰竭和白人帶來的疾病，引進非洲奴隸來取代原住民勞工的同時，也帶回了不少貨物。船隻運載奴隸前往新世界，光是在英國分類帳上有紀錄的就有400萬人。但在兩個世紀後，他們的後裔僅有四十萬人尚存。他們帶回了蔗糖，使加勒比海地區成為生產蔗糖重鎮。從17世紀中葉開始，英國和法國逐漸掌控西印度群島，而西班牙和葡萄牙的影響力則開始式微。

奴隸也研發出了新產品：蘭姆酒。他們很快就發現甘蔗磨碎後產生的副產品糖蜜能夠發酵，並將其釀造成酒。在哥倫布探險後的最初兩個世紀，蘭姆酒與糖業工人的關係變得密切了起來。

工人們將甘蔗切成小塊，放入一個由一整棵樹製成的槽中，再放入一顆大石頭作為磨石。他們把石頭跟馬、水牛或其他牲口綁在一起，讓牠們牽引那塊石頭，以壓碎和搗磨槽中的甘蔗塊，就像處理製革廠的樹皮、蘋果酒的蘋果那樣。

蘭姆（rum）這個字大概是從rumbullion（形容喝下它產生的醉態）或rumbustious（喧鬧的）而來的，或者根據當時

荷蘭人的解釋，是從一個被稱為*roemer*的酒杯而來。蘭姆酒的演變可以追溯到更早之前。馬可波羅提及了一種他在13世紀波斯找到的「極佳的糖酒」，以及在蘇門答臘發現一種用類似棕櫚樹，樹葉製成的甜酒。而今日的馬來西亞也有一種稱為布蘭姆的在地甜酒。

雖然巴貝多主張自己是蘭姆酒的故鄉，但在1620年的巴西也有制造甘蔗酒的紀錄。30年後，一封來自巴貝多的信件宣稱：「他們在島上主要製造的玩意兒是蘭姆酒，別名殺戮惡魔（Kill-Divil），它是由蒸餾過後的甘蔗製成，這是一種燒燙的、如地獄般的、可怕的酒。」在熱帶地區，蘭姆酒也發酵得比其他種類的酒（像是白蘭地或威士忌）還快。從另一種可能的角度來看，釀造蘭姆酒的時長約略等同於越過大西洋後抵達一個港口銷售的時間，其他種類的酒則適合較長的旅途。幾個世紀以來，加勒比群島都在爭奪糖業霸主的地位。法蘭西斯・德瑞克（Francis Drake）的表親理查獲得了在古巴蒸餾生命之水的皇家許可證，這就是莫希托（mojito）的前身。1750年，全世界最大的生產地為海地，其次是法屬殖民地聖多明歌，然後是牙買加，直到20世紀才由古巴掌控霸

權地位。

　　1664年，北美史泰登島上成立第一間酒廠，三年後在波士頓建立另一間。蘭姆酒是當時新世界最繁榮的產業，羅德島的蘭姆酒甚至一度成為當時的流通貨幣，奴隸的買賣都是以加侖來計算的。

　　在新世界的其他地方，蘭姆酒也同樣是流通貨幣。它與從印度來的稻米一起被載運到澳洲，只是通常它是被列為禁運品。澳大利亞總督威廉・布萊（William Bligh）震驚於當地人對蘭姆酒的高度依賴，因此他試圖在1806～1808年之間數度完全禁止蘭姆酒，結果卻發現南威爾斯軍團在市政廳前拿著刺刀向政府大樓進發以逮捕他。

　　蘭姆酒在早期美洲文化中有很重要的地位，提供免費酒水給所有前來參加造勢宣講活動的人，就成了美國的政治傳統。有句諺語就是來自一位美國禁酒令時期的蘭姆酒私酒販威廉・麥考伊（Bill McCoy）的故事：「真實的麥考伊（the real McCoy）」，其意思為，沒有以假亂真或真假參半。

　　大英帝國在1655年統治了牙買加後，英國海軍便將每日的配給酒從法國白蘭地改為蘭姆酒。英國海軍一直維持此傳

統到1970年，今日在皇家典禮的場合上也依然如此。另一個故事則解釋了蘭姆酒的另一個別名——尼爾森的血。尼爾森上將死於特拉法爾加海戰，當時英軍就將他的遺體泡在蘭姆酒桶中保存，運回家鄉。但回到英格蘭時，木桶裡只剩下這位英雄的遺體，而蘭姆酒已經消失一空。據說（並沒有在官方電報中出現），這是因為水手們在木桶上偷偷鑽了一個洞以便啜飲裡頭的蘭姆酒，進而產生了一個諺語「輕敲海軍上將（tapping the admiral）」。在其他國家，也有貴族遭遇同樣經歷。

## 改變甜食

蔗糖被端上大多數歐洲人餐桌的速度較為緩慢，而且是在不知不覺間且價格或許是很更可觀的。到了18世紀，已有人開始喝茶和熱巧克力，但這依然是一種奢侈的享受。之後的五十年內，蔗糖價格開始逐漸下降，歐洲人也找到了料理它們的方式。到了1770年，英國的蔗糖消費量是本世紀初的五倍之多。大部分的蔗糖是來自加勒比海地區，但世界上的其他地區也很快加入了生產蔗糖的行列，這就導致出現了散

居在世界各地的契約勞工。印地安人最常被派往斐濟、模里西斯、南非和澳洲的昆士蘭州，中國和日本的勞工則是移居到夏威夷，許多爪哇人則被荷蘭人運往蘇利南。就算這不是奴隸制度，但也是強迫勞動，因為雇主僅提供了最低限度的薪資，勞工卻須提供數十年的粗重勞力，而且不只是身處異鄉，是一趟只去不回的單程票。今天，印度和巴西依然是全世界最大的蔗糖出口國，加勒比海地區的國家則隨著殖民統治的結束放棄了蔗糖貿易，不過這些島嶼上的土壤養分也被利用得所剩無幾了。

19世紀時發明了兩項革新的技術，大幅增進了蔗糖的產量。傳統的做法是將未經加工的甘蔗在室外用數個大鍋釜煮透，但這些鍋釜都極度滾燙，鍋內珍貴的甘蔗原汁很容易溢出，每個鍋釜也須要各自加熱。到了1813年，英國化學家愛德華・查爾斯・霍華德（Edward Charles Howard）開發出一個封閉、部分真空的蒸氣加壓機，大幅提升了產量，也能防止焦糖化。在這個蒸氣加壓機中，他找到了在真空狀態下低溫沸騰的方法，以降低加熱成本。他的發明被美國科學家諾伯特・瑞利克斯（Norbert Rillieux）——畫家愛德加・竇加

（Edgar Degas）的表親——進一步改良。1845年，諾伯特將此系統改良為多缸系統。在封閉的真空狀態下熬煮蔗糖大大降低了成本也更安全，這使得蔗糖得以進入人們的飲食習慣中，即便是貧窮國家的人也能將蔗糖加入茶、餅乾、果醬、果凍和酒精飲料中。

糖象徵著禮貌與社交，讓難吃的東西變得好吃。有一種新的烹飪方式幾乎是為了糖而發明的——除了糖果，還有烘焙。利用幾種簡單的原料——糖、麵粉和奶油——製作甜點或烘焙麵包成為了新的挑戰。當人們離開鄉村遷徙到都市，他們用啤酒交換較便宜的茶，又為了喝有甜味的茶而花上與茶同等或更多的錢買糖。這件事反映了人們味蕾的改變，在中世紀或更早之前，歐洲人喜歡偏苦的味道，而現在，他們對甜味上癮了。往南到地中海地區，烘焙師傅也開始在麵包和蛋糕中加糖，這個習慣存留至今。早餐吃點甜食是典型的義大利風格。

隨著食品生產工業的創新，糖始終扮演著重要的角色，出現在巧克力和牛奶、奶昔、冰淇淋中。在二次世界大戰後發明出濃縮咖啡機時，糖也被加入到咖啡中。隨著大量加工

速食品時代的來臨，糖也無所不在。它雖然不含營養成分，卻是雜貨店的寵兒，讓食物更可口而被大量需要。

## 蘭姆酒理論

　　世界第一座甘蔗種植園位於地中海島嶼，因此說早期的航海家將製造蘭姆酒的知識帶到了西印度群島也相當合理。出港的貨船載運著成桶的葡萄酒和啤酒，因此他們有設備和動機，因為這些水手都會需要回航的貨物，更不用提他們自己也要喝酒了。再者，他們也有機械技術，如果沒有蒸餾的知識，即便過了350年都不會完善。

　　另一個也很常提及的說法是在種植園的奴隸自己解決了製造蘭姆酒的難題，甚至是從非洲帶來這個想法，而這想法則是非洲人跟阿拉伯人學的。奴隸們有甘蔗、糖和糖蜜，而糖蜜被視為無用的副產品丟掉。他們可能是因為好奇才將糖蜜煮沸看會發生什麼事。酵母菌據推測是自然出現的，即便人們不知道為什麼酵母能造成發酵的結果，仍將其用來做麵包。他們本來可以在黑暗中將平底鍋藏在地板下，等待它停止冒泡，但仍有人勇敢地啜飲了第一口。缺少的環節是透

原味配方

# 殖民者派對酒

有一説是牙買加殖民者的妻子發明了這種飲料，其他説法則歸功於邁爾斯蘭姆酒或各種南方飯店。不論如何，這種飲料都為殖民生活增添了樂趣，結束一整天的奴隸生活後來杯這種飲料令人神清氣爽。以下是原始酒精濃度的配方：

| | |
|---|---|
| 45毫升的黑蘭姆酒 | 10毫升的紅石榴糖漿 |
| 35毫升的新鮮柳橙汁 | 10毫升的糖漿 |
| 35毫升的新鮮鳳梨汁 | 3-4滴的安哥斯圖娜苦酒 |
| 20毫升的新鮮檸檬汁 | |

將除了苦酒以外的材料倒入裝滿冰塊的雪克杯，並均勻地搖晃。接著倒入裝滿冰塊的玻璃杯，再於其上加入苦酒。最後用馬拉斯奇諾櫻桃和鳳梨裝飾杯身。

# 莫希托和海明威

莫希托可追溯到甘蔗種植園，甚至是1603年理查德·德瑞克與其遠親法蘭西斯的航行。他們利用當地的蘭姆酒、蔗糖、萊姆和薄荷製成了一杯飲料。德瑞克是伊莉莎白女王的親信，也是所有親信中，唯一一位被女王賜予權力可蒸餾生命之水。不過，非洲奴隸改稱他的名字為莫希（mojo）。

厄尼斯特·海明威在他的垂釣之旅中稍微改變了莫希托的配方，加入了金色蘭姆酒和甜味劑。

甜味劑的配方如下：1：1的蜂蜜、水、萊姆汁和薄荷葉。

作家海明威的描述如下：

兩杯半（刻度盎司杯）白蘭姆酒、兩顆萊姆果汁、半顆葡萄柚和六滴黑櫻桃利口酒。不加糖。

過蒸餾器和虹吸管將這種麥芽漿轉化為酒精的技術。第一階段或許會很自然地發生，但從珍貴的酒精乙醇中吸走（和分離）甲醇並不是一個簡單的步驟。這必須經過許多測試，期間可能會發生可怕的宿醉或更糟的事——過量的甲醇可能致盲。這就使蘭姆酒得到了一個綽號——殺戮惡魔。謎團的第二部分是直到安德烈亞斯·科菲（Andreas Coffey）在1820年發明了連續式蒸餾器（continuous pot still），才有可能進行大規模的生產。但在哥倫布首次航行後的150年內，加勒比海地區卻能受大英帝國海軍的委託，製造出大量可供長途航行飲用的蘭姆酒。早期企業家並不會寫下食譜，就算他們有心與同時期的競爭者（不太可能）或是貪得無厭的稅務員（更不可能）分享他們的祕密配方。但海軍這麼做了。海軍上將威廉·佩恩（William Penn，他的兒子發現了賓州）征服並命名了牙買加與其甘蔗種植園。經歷了在海上多個炎熱的日子後，分配給水手的啤酒通常會變質，他就用蘭姆酒代替啤酒，而且萊姆酒占的空間更小。雖然一開始沒有任何限制，但到1731年時，海軍計算出一加侖的啤酒相當於半品脫的蘭姆酒，而一加侖的啤酒是一天的供給量。1740年，海

軍中將艾德華・弗農（Edward Vernon）發布了一項命令，聲明軍官們「可以從節省鹽與麵包的配給量中，轉而購入糖和萊姆以讓啤酒更好喝」。這種雞尾酒在現今被稱為黛綺莉（daiquiri）。

## 嗜甜

嗜甜可以用科學的方式解釋。由於從1975年到1985年間政府的一系列奇怪政令，在許多美式菜餚中的蔗糖被高果糖玉米糖漿取代，美國和加拿大政府也對蔗糖的進口課重稅，讓蔗糖的價格變得非常高昂。同時，政府又大力補助玉米產業，讓果糖成為食品製造業的甜味劑而捨棄蔗糖。

高果糖玉米糖漿最早是由理查德・O・馬歇爾（Richard O. Marshall）和厄爾・R・庫伊（Earl R. Kooi）在1957年首次提出。他們後續的研究工作由日本科學家高崎義之接續下去，他在1971年時以高果糖玉米糖漿申請了商業專利，證明了這是非常成功的科學產品。玉米被碾磨成澱粉，再轉變為葡萄糖漿的過程中加入了酵素以形成純果糖，是甜度最高的一種糖。這在過往的人類歷史中從未曾有過，而自然的水果中大概也只會產生百分之十的果糖。在其後的30年間，將近

四分之一的美式食物中都含有糖，或者更精確地說，有加入
了果糖。

# 甘蔗的最大競爭對手：甜菜

甜菜被端上餐桌成為料理的過程與甘蔗截然不同。現代的甜菜是從海甜菜培育出來的品種，海甜菜是一種生長在歐洲和亞洲海岸線的野菜，在古希臘和羅馬時代首次被提及。

德國化學家安德烈亞‧馬格拉夫（Andreas Marggraf）在1747年發現了甜菜根中的蔗糖。在當時，甜菜根較少入菜，在西利西亞的首座甜菜根工廠從來不賺錢。當時的人們採取了非常嚴格的政治措施才使得甜菜成為一個重要的食物。當英國在拿破崙戰爭（1803～1815年）封鎖了從新世界進口的甘蔗，拿破崙便下令七萬九千英畝的土地須用以種植甜菜和恭菜。在1810到1815年間，法國設立了超過300間小型工廠，用以消化收成的甜菜。因為這般帝國主義式的開端，甜菜便在歐洲確立其作為糧食的地位，即使回復了與加勒比海地區的貿易，情況也絲毫沒有改變。1837年，法國甚至生產了產量世界第一的甜菜，直到2010年才被俄羅斯超越。

在植物的歷史中，曾經一直默默無聞的甜菜之所以成為重要的糧食作物，是因為它改變了人們的耕作方式。政府鼓勵農民種植單一品種作物，並循環種植，大量使用肥料，利用它的葉子作為牲口的飼料。此外，早期的甜菜蔗糖含量相當低，所以也促進了植物品種改良的技術。

在美洲的多次試錯之後，許多摩門教的開拓者將甜菜視為在猶他州實現自給自足的手段。1852年，他們在堪薩斯州成立了工廠，並用貨車批發運輸，這開啟了將甜菜的栽種方式引進加州的管道。如今，全世界將近百分之三十五，以及美洲百分之五十的糖，都是從甜菜提煉而非甘蔗取得。比起甘蔗生產的歷史，這個過程肯定要來得人道多了。

原味配方

# 第一個果醬食譜

最初，糖在餐桌上的作用是代替塗抹麵包用的奶油與果醬，以及加入茶中，成為啤酒的廉價替代品。果醬是從遙遠帝國而來的食物。語言學家推測，「果醬（jam）」這個詞來自於法文的「我喜歡（'j'aime）」，這也可能是果醬首次出現在彬彬有禮的淑女前時，她們所出現的反應。我們擁有的第一個果醬食譜於1718年出版，作者是瑪莉・伊爾斯（Mary Eales），她自稱自己是已故安妮女王的甜點師。

> 取12磅（約5公斤）的櫻桃，放進鍋裡煮沸後搗碎。煮透所有櫻桃汁液到可以看到鍋子的底部時，放進3磅（約1公斤）的糖並攪拌均勻，再煮滾2～3次，最後倒進壺或杯中。

# 常見布丁醬

首次將珍貴的糖水煮成塊並應用在甜點上的是歐洲。人們通常會用花朵裝飾增加色澤。1660年，廚師皮埃爾-德-盧恩（ Pierre de Lune）在他的烹飪書（ *Le Nouveau Cuisinier* ）中，用糖來調味肉桂和檸檬味的焯水菠菜，做出派的內餡。派本身則是用麵粉和白葡萄酒製成，最後以更多的糖和橙花裝飾。

大約在1835年，由詩人轉型為烹飪作家的伊麗莎・阿克頓（Eliza Acton）出版了《現代烹飪》（ *Modern Cookery* ）一書。此時，糖已深根在歐洲飲食中，她在食譜中寫了能讓布丁醬風味更佳的建議：

> 用118毫升的優質融化奶油加上一盎司半的糖調味，再慢慢加入兩杯葡萄酒。攪拌到快沸騰時，倒入容器中。可以依個人喜好添加檸檬皮或肉豆蔻。

幾年後的1862年，維多利亞女王的主廚查爾斯・埃爾梅・法蘭卡特利（Charles Elme Francatelli）建議人們用丁香和薑進一步增添糖的風味。這使得更多的帝國食材得以展現在維多利亞時代的晚餐桌上。

# 第 2 章

# 玉米與其姊妹

## 中美洲三寶解救了移居者

# 玉米、豆子和南瓜

在西班牙征服者到來之前，北美和南美原住民都沒有馴化任何大型動物，他們沒有馬可以騎、沒有牛可以產乳，也沒有公牛可以犁田、搬運收成或拖拉推車。農業是家庭自給自足、本地化並圍繞著土地分配進行。然而，我們知道美洲的早期住民是有高超技術的農民，不光是從他們遺留下的石雕與玉米雕像可以看出——神祇或祭司的雕像表情興奮地手持玉米，也能夠從遺址中看出——如印加人在安地斯山脈上開墾的梯田。阿茲特克帝國以農業為主，其農業技術與早期的羅馬帝國相當，許多技術都是從托爾特克文明（Toltec）繼承或發展而來。插畫顯示他們使用了一種獨特的方法來開墾沼澤地——將樹皮編織成墊子，將它們固定在潮濕的地面上，並重新開墾濕地。他們在上面鋪設土壤和肥料，種植基本作物，如莧菜、豆子和玉米。人們將這些矩形苗床綁在一起，稱其為奇南帕（chinampas）種植園。他們在每個角落用

樹木圍成籬笆圍，以保持穩定。

## 美洲的早期儲藏室

在安地斯山脈上的人們利用駱馬和羊駝的毛來編織，馴養豚鼠以供食用，共同狩獵並將獵物儲存在村莊裡，並透過早期的配給制度進行分配。從安地斯山脈發現的灰燼和殘骸進行DNA檢測，可以得知當時人們的飲食幾乎以蔬食為主。印加人是有遠見的農民，培育了許多種後來遍布全球的食物，如馬鈴薯、辣椒、番茄、花生、（對我們來說是新潮流）藜麥和莧菜。同樣，人們會大量儲存這些食物以因應歉收的年頭。食物的生產也是將部落凝聚在一起的群體活動。有證據指出，有些食物可以儲存七、八年之久。在過去四十年間，有許多儲藏室被踩踏和破壞，我們於是只能得知關於儲藏室的一小部分，考古學家們現在才開始挖掘更多被遺忘的王國遺跡。

印加帝國的東北邊是馬雅文明，馬雅人可能是最早將可可豆、辣椒、玉米粉和蜂蜜製成巧克力飲的。馬雅文化發展前，有一支居住在今日墨西哥和瓜地馬拉的莫卡亞人

（Mokaya），他們名字的意思是「玉米人」。莫卡亞人是中美洲已知最早製作陶器的民族，在他們的陶瓷器皿中也發現了可可豆的痕跡。

## 三姊妹

在歐洲人到來美洲大陸之前，許多人的飲食都是以玉米、豆子和南瓜為基調，做出不同的料理。在易洛魁聯盟（Iroquois）的傳說中，她們是無法分割的姊妹。

三姊妹一起支撐著美洲農業社會，且早在史前時代就已存在。將三姐妹種在一起，就能夠供應整個村子所需的糧食。玉米為豆藤提供自然的攀爬架，豆子將氮固定在根部，淺根的南瓜創造了一層天然的覆蓋物（覆蓋作物），遮蔽新出現的雜草並保持土壤濕潤。在營養方面也是互補的——玉米提供碳水化合物、乾豆提供蛋白質、南瓜則提供維生素和烹飪用油。在西南方的部落中有時則會出現第四個姊妹——用於 提味的辣椒。我們稍後再來討論她。

今日擴展的種植園農業並非是一次到位，而是棋盤狀拼湊，東補一點、西補一些，每個角落都有一到四根的玉米

圖騰。人們豆子種植成藤狀沿著玉米生長以提供氮。它們是向光性植物，白天樹葉會面向太陽，夜幕低垂時則會向內折疊，進入睡眠。在棋盤的兩個方格之間則種上南瓜，在懸垂玉米葉子下受到保護免於被太陽曬傷。玉米粗糙的蜘蛛網狀枝和強韌的葉片使鹿和浣熊難以穿越，而且能防止掠食性的鳥類築巢。

從植物學的角度來說，一般豆子可以追溯到西元前2000年祕魯的吉他雷羅（Guitarrero）洞穴。今日我們稱為青豆的豆子發源於安地斯山脈，蠶豆是例外，它們來自喜馬拉雅山，而大豆和紅豆則來自亞洲。新世界供應了腰豆、黑豆、蔓越莓豆、斑豆（pinto beans）、菜豆（扁豆）和其他更多種類的豆子，有超過四萬種豆子被記錄下來。大量的豆莢類提供了人們各種營養素，並進入到全球許多文化的飲食中。

南瓜屬植物（squash）起緣於南美洲，這個詞來自納拉甘西特（Narragansett）印地安語*askutasquash*，意思是生吃的綠色東西。最早於1643年被羅傑・威廉斯（Roger Williams）記錄下來，他是神學家、羅德島殖民地的建立者、美洲原住民語言的學習者。考古證據顯示，人們在西元前8000年或更

## 原味配方

# 煎鍋玉米麵包

　　製作玉米餅的鑄鐵鍋幾乎可說是南方料理的象徵。像做歐姆蛋時一樣，用於這道菜的鑄鐵鍋作為關鍵材料便獲得了神話般的地位，只有這個鑄鐵鍋可以施展真正的魔法。在兩次世界大戰期間，美國鼓勵女人做玉米麵包，以節省小麥用量，能夠運往歐洲。

　　以下是來自1836年版本的匿名著作，《新英格蘭烹飪書》（*New England Cookbook*）的印地安餅食譜，它將這道菜很貼切的命名為「印地安巴掌餅」（Indian slapjacks）。其中未被提及的是，烤爐和煎鍋須加熱到約200度，再將麵團放入熱鍋中，約五分鐘後，餅皮呈現金黃色及邊緣翹起，即完成料理。

　　將946毫升的牛奶、473毫升的印度餐（玉米粉）、四湯匙的麵粉、三顆打云的雞蛋和一茶匙的鹽混合在一起。許多人認為加入一湯匙的糖蜜或一點燉南瓜能夠提味，最後用豬油拌炒它們。

# 墨西哥薄餅

　　墨西哥薄餅在美國南方和墨西哥占據了飲食的主導地位，烹飪用石板（cooking stone）和煎鍋都須有良好的品質。以下是一篇1854年來自美國《普特南雜誌》（*Puttnam's Monthly*）上的報導：

　　墨西哥的麵包就是墨西哥薄餅。它們是由玉米製成，與鬆餅一樣薄，外表（也只有外表）看起來很相似。首先將穀物浸泡在食品鹼液（lye）中，直到變得鬆軟，並脫去外皮，接著用清水洗淨後研磨。這時需要表面略凹陷的扁平石頭和相同材質的圓柱狀壓碎器。將處理過的穀物用這些石製器具碾碎、壓到變得糊狀軟化後，再將它倒入槽中並進行一些調整，就能進烤箱了。

早就已經種植南瓜，熟悉的葫蘆形狀是早期莫切文化（Moche culture）蓬勃發展的一個特徵，該文化在利馬（Lima）北部，與歐洲的羅馬文明處於同一時期。

我們很常將南瓜與甜瓜（melons）、葫蘆類（gourds）、甚至是食用葫蘆類（marrows）搞混，但南瓜是南美洲獨有的。現代的南瓜主要有夏南瓜（summer squash）、櫛瓜（zucchini）*，其外皮滑順，幾乎可以生吃。還有冬季南瓜，例如胡瓜（butternut）、橡果南瓜（acorn）、金線瓜（spaghetti）和南瓜（pumpkin），它們的外皮偏硬。美洲原住民除了吃南瓜果實，也食用種子，或將種子製成醬或奶油，嫩芽和花朵也是，沒有任何部位會被浪費。

## 從灰燼到麵團

高聳的玉米叢乍看似乎不像是支撐生命的重要作物，但如同其他烹飪難題一樣——例如誰榨取了第一顆橄欖做成橄

---

* 編註：在臺灣 Zucchini 一般譯作「櫛瓜」，但真正的「櫛瓜」其實是指另一種小型冬瓜的變種。而臺灣俗稱的櫛瓜，正確名稱為「夏南瓜」，是美國南瓜的人工栽培品種。

欖油、誰首先將葡萄釀成酒——正是美洲原住民為了保存食物才發現了玉米的營養價值。玉米不僅是分配用的儲備品，美洲原住民對玉米還做了一些現在被科學定義為鹼法烹製（nixtamalization）的調理，這個詞來自阿茲特克語的*nextli*，意旨灰燼，而*tamale*是麵團，所以字面意思即是「從灰燼變成麵團」。他們用了各種方法料理它，讓玉米的用途更多樣，並釋放玉米所具有的完整營養。

玉米快速地在全球流行，西班牙人早在1496年就開始種植它，而葡萄牙人則在1560年引進剛果。玉米在不同的土壤和氣候下都相當容易種植。玉米最初是觀賞用植物，但其極快的生長速度和茂盛的葉子迅速在南歐和北非成為人類和動物的食物來源。到了1575年，玉米傳入中國，並在菲律賓和印度扎根。最初的北美、歐洲移民之所以做出玉米麵包，是因為他們很想吃到如用家鄉小麥做成的麵包。

世界各地都流傳著各種不同的玉米食譜，從義大利的波倫塔、巴西的安古（angu）*、羅馬尼亞的馬馬利加

---

\* 編註：Angu 是一種巴西配菜，由熟玉米麵製成，類似玉米粥。

# 鹼法烹製的魔法

如果沒有鹼法烹製，早期的中美洲居民就不會有能夠維持生命的飲食。鹼法烹製的技術和文化來自早期的印加人和馬雅人，之後傳至北邊的墨西哥，成為一種普通的食物製作方式。將玉米煮熟並浸泡在鹼性溶液中時──通常是氫氧化鈣（熟石灰）和灰燼──其中的菸鹼酸（niacin）就會被釋放出來，使身體能夠攝取到礦物質，例如重要的鈣、鐵、銅和鋅等必須礦物質。

基於印加人烹調食物的方式，其中一些化學反應可能是自然發生的。他們透過加熱鍋爐，將熱石放進水中使其沸騰，更有可能將火中殘留的灰燼一起放入鍋中烹飪。他們的鍋子是陶製的，礦物質也可能從此滲出。此處有許多線索引導早期住民發現這過程的好處──顯而易見的是，他們儲存的生玉米上有黴菌。但更為明顯的是，他們有麵粉。玉米只要清洗再曬乾，就成為每日的營養來源，不只方便攜帶，也不容易腐爛。除此之外，也可用於貿易，例如西元前2500年，從南美洲北至墨西哥的奧爾梅克文明（Olmecs），考古植物學的研究發現，石磨器具上殘留的玉米可追溯到將近9000年前。

鹼法烹製的食譜再簡單不過，即便它有許多變化：在約454克的玉米中加入一湯匙的石灰水（lime，石灰，而非柑橘），烹煮十五分鐘，靜置至少一小時，再用乾淨的水清洗。成品──墨西哥捲餅、炸玉米餅、辣醬玉米餅餡、玉米粉蒸肉和糊狀的玉米粥（hominy grits）──是現存最接近史前美洲居民所吃的食物。同樣的技術也出現在義大利波倫塔（polenta）。人們會將玉米放在石灰水中浸泡一整天，然後加入醋放置整夜。

（mamaliga）到南非的粉餅粉（mealie）\*都是。雖然玉米很快就進入到北美和歐洲的飲食中，但缺乏維生素B3的飲食會使人衰弱，而這項事實往往不受關注，因為大多數人會藉由其他方式補充維生素B3，通常並不會依賴玉米。

## 玉米飲食

　　生玉米的缺點是缺少菸鹼酸及維生素B3。若沒有補充這兩種營養素，以玉米作為主食的族群容易營養不良並罹患幻覺和糙皮病（pellagra），例如在今日非洲的某些地區就仍有糙皮病。關於此病的首次醫學紀錄是出現在1735年的義大利，其字面上的意義是「酸性皮膚」。在狗身上則被稱為黑舌頭，症狀與癲癇病相似。玉米也缺乏了必需胺基酸，但在中美洲的飲食中這倒不是個問題，因為他們能透過吃豆子補足這項不足。女性比男性更容易罹患這種疾病，很可能是因為他們較常待在家中，飲食的多樣性較低。骨質疏鬆症與無法獲得必需胺基酸有關。但在以玉米為主食的窮困地區，

---

\* 編註：用玉米粉做成的糊狀食物，為南非的主要飲食。

整個族群必定會在此之前就被飢荒和疾病擊垮。在法國、義大利、埃及都有記載這類飢荒，但這些肯定只是我們得知的最初紀錄而已。糙皮病只發生在以玉米為主食的地方，直到二十世紀，人們還認為這種疾病是因玉米而產生，或被某種寄生在玉米上的昆蟲所感染。

　　當歐洲人劫掠加勒比海地區泰諾人（Taíno）的種子儲藏室時，他們忽略了料理和浸泡的重要性，意即忽略了鹼法烹製。對美國南方人來說，這導致了二十世紀初期的大眾健康危機。1916年，在南卡羅萊納州因糙皮病死亡的人數約有1130人，隔年則飆升到十萬人。接著，在阿拉巴馬州和密西西比州就爆發了流行傳染病。然而，就在美國的貧窮白人受疾病之苦時，在墨西哥的貧窮人口在相似的緯度食用著相似的飲食，卻未產生任何病癥。約瑟夫・戈德柏格（Joseph Goldberer）是一位斯洛伐克移民，他亟欲找出發生在1914年饑荒的真正原因。他在11位南卡羅來納州的囚犯身上做了一項實驗，只讓他們吃由玉米粥製成的食物。兩個星期內，他們就開始抱怨頭痛、意識模糊和食慾不振。下個星期，11個人中就有7個人出現了糙皮病的症狀。接著，戈德柏格改變

了飲食，加入了蔬菜、水果和其他含維生素B3的食物後，他們就康復了。參加這個痛苦實驗的代價是重獲自由。其實早在千年前，印加人就意識到這誤打誤撞的實驗結果了——人類無法只依賴玉米存活。如今，糙皮病在已開發世界相當罕見，但在蘇聯的古拉格勞改營中卻是常態，而在飲食有限的開發中國家如非洲、亞洲和中國，仍是難以根絕的疾病。

歐洲人也忽略了另一項中美洲飲食原則，這也導致了大規模人口死亡。他們沒有察覺到一起種植玉米和豆子的重要性，唯有這樣的飲食方式，才能獲取充足的必需胺基酸。這個現象有個悲傷的醫學附記，稱為 *kwashiorkor*，由牙買加醫生席克莉・威廉斯（Cicely Williams）博士所創，迦納語的意思為「新生兒出生時就染上的疾病」。新生兒透過吸吮母乳來攝取胺基酸，然而在非洲的困苦地區，新生兒在斷奶後食用高碳水化合物的食物，就會失去獲取必需胺基酸的來源。這種疾病多次出現在非洲大飢荒的報導中，原因正是身體無法從食物中攝取到維生素和礦物質。

## 玉米的入侵

　　令人驚訝的是，玉米除了與我們一同穿越歷史和環遊世界，還成為了我們未來不可或缺的一部分。塗上融化奶油的玉米串或燒烤架上的烤玉米都只是為科學活動暖而已。化學家掌握了玉米後，衍生的產品數將以驚人速度增長，且通常是以難以預測的方式出現。這始於化學農業可以使單一植物產量極為豐盛。

　　到了1882年，美國已有6200萬英畝（約25300平方公里）的玉米田，20年後增長為9500萬英畝（39204.4平方公里），1910年時則達到1.1億英畝（453059.32平方公里）之多。在這些年中，平均每英畝的玉米產量都接近38蒲式耳（1蒲式耳約等於25.4公斤），而化學技術在1940年和1950年的進步使每英畝的產量突破100蒲式耳。1960年後，美國絕大多數產出的玉米都用在飼養牲口——主要是豬以及隨著速食產業一起爆炸成長的白肉雞。但到了2000年，給動物食用的玉米產量（包括人類用）少了一半。人們開始將玉米的副產品應用於其他日常產品，像是絕緣材料、膠水、炸藥、染料、藥品、溶劑，甚至肥皂。研究指出，現在超市中的日常用品裡，有

原味配方

# 用玉米粉製作的墨西哥粽（玉米粉蒸肉）

波士頓營養師柏塔・M・伍德（Bertha M. Wood）在其1922年出版的
著作《外國生長的食物：與健康相關的》（*Foods of the Foreign-born: In Relation to Health*，暫譯）中，提到了這分食譜。

| | |
|---|---|
| 2杯玉米粉 | 2湯匙花生醬 |
| 4茶匙玉米澱粉 | 1顆洋蔥和大蒜 |
| 2茶匙鹽 | 1杯葡萄乾 |
| 2茶匙泡打粉 | 25顆杏仁 |
| 4茶匙豬油 | 3茶匙紅辣椒粉 |
| 3杯半熱水 | 15張乾玉米葉 |
| 226公克豬肉 | |

取玉米粉、玉米澱粉，與鹽、泡打粉和熱豬油混合。加熱水并用湯匙攪拌成柔軟而輕盈的麵團，靜置十五分鐘。將豬肉放進加鹽的熱水中煮熟，再加入花生醬、洋蔥、大蒜、葡萄乾、杏仁與紅辣椒粉煮至濃稠。取一張大片玉米葉，用湯匙將麵團攤平，淋上一匙的醬汁後，再覆蓋較大面積的麵團並將粽子包好，蒸25分鐘。

人們認為，墨西哥粽的出現早於玉米餅，因為方便攜帶，因此成為獵人和軍隊的理想糧食。有證據指出，在西元前8000年，這種做法就已傳播到中南美洲，而且可以加入任何肉類或蔬菜，但在阿茲特克帝國Atamalqualiztli節慶*的禁食期間，則將它們當作充飢的食物。作為玉米的子民——阿茲特克、馬雅、奧爾梅克和托爾特克文明——都將它們視為神聖的食物。

另一個玉米食譜墨西哥玉米湯則有黑暗的過去。根據1529年首先抵達新世界的傳教士貝爾納迪諾・德薩阿貢（Bernardino de Sahagun）的紀錄，這道湯品中最初使用的是被獻祭的人肉，到後來才改用味道相近的豬肉替代。根據中美洲的神話，上帝用玉米和肉創造了世界，而活人獻祭則會受到上帝的祝福。

---

\* 編註：每八年舉行一次，一般在10月下旬至11月初或10月初舉辦。禁食
　　是為了讓食物休息，人們相信，不加工和烹調食物，能夠使食物恢
　　復活力。

超過5000種品牌是使用玉米製成的。

## 玉米的工業化

　　玉米占據著我們飲食中的重要部分，我們僅會是使用玉米胚芽油做菜，經過水解技術進一步處理後，還能將之變成能加入飲料中的玉米糖漿，而這就是蔗糖的替代品——果糖。它也可以作為威士忌和波旁酒的酒精原料，同時也是近年來製造生質燃料*的乙醇。玉米粉可以分為四等：用於玉米片的粗粒粉末、烘焙玉米麵包的細粒、用於製作鬆餅和甜甜圈，甚至是嬰兒食品的最精細玉米粉。鹼法烹製的玉米粉則被稱為馬薩（masa），則是用於製作墨西哥薄餅和塔可。

　　〔附註，玉米（maize）這個詞來自泰諾文 *maiz*，是玉米的科學術語。Corn和maize在北美是意義相通的詞彙，但在世界上其他地方，corn則意指任何種類的穀類作物。Corn在英格蘭代表小麥；但在蘇格蘭與愛爾蘭則代表燕麥。在《聖經》

---

* 編註：生質燃料是指由生物質轉化而成的燃料，包括生物質原料的直接燃燒和轉化後再生產的燃料，例如生物柴油、乙醇、生物甲烷等。生質燃料是一種可再生能源，與化石燃料相比，碳排放量低，對環境更加友好。

中，corn最有可能意謂小麥或大麥。〕

　　美國之所以是世界最大的玉米產出國，其產量相當於第二到第九名產量總和的兩倍，同時也是基改玉米種子的先驅並非沒有原因，因為這樣可以實現商業壟斷，並在全世界市場上進行削價競爭。今日，種植在美國的玉米僅有四十分之一會被當作主食食用。作為工業碾磨過程的一部分，玉米所浸泡的液體富含酸、酵母和麩質，而在1940年代，人們發現這個加工的過程也是培養青黴素的上好媒介。同時，研磨後剩餘的胚乳可製成玉米澱粉，也就是生質燃料的主要材料。若是加入葡萄糖再進行加工，就會變成玉米糖漿，這是在許多無酒精飲料中都會添加的甜味劑。番茄醬、奶精、煙火，甚至是刮鬍泡中都有玉米的成分。所有那些家常的古早味糕點都是由玉米製成的，甚至色素也是。

　　工業化的玉米幾乎滲透了現代生活的每一個層面。當然，你須要嚐嚐棉花糖或炸肉餅的味道才能知道這一點，因為三姊妹之中營養又健康的玉米，已然成為速食店的愛將。飽和脂肪使我們肥胖，而玉米經常被認為比油脂或奶油來得營養——準確來說，在進行讓它可以保存得更久的氫化

（hydrogenated）之前，或在它的脂肪尚未飽和之前確實是如此。玉米在美式食物的傳奇裡曾扮演重要角色，因為人類並非唯一會享用它的物種，豬與我們同樣享受它。

回顧歷史，若美洲原住民阿岡昆人（Algonquian）並未與首批英格蘭開拓者分享玉米的知識，歷史可能將截然不同。在其他國家，來自大海另一邊的人並未受到過如此款待，而他們也未曾定居。

# 豆煮玉米：美洲的本土料理

　　豆煮玉米（succotash）這個詞來自阿岡昆文*msickquatash*，也就是煮爛的玉米之意。通常具有貶抑的涵義，指窮苦農民為果腹而將玉米和豆子煮爛成糊狀，所用的皆為美洲原生食材。根據邏輯推斷和早期旅行者的紀錄表明，這道菜的做法其實比想像的更為複雜，使用的也是新鮮、曬乾或煙燻的肉、魚和貝類，以及根莖類蔬菜、種子和堅果，堅果類通常都會研磨成粉以增加濃稠度。根據L・卡弗（L. Carver）所著的《內陸之旅》（*Travels in the Interior*，1778年，暫譯），這道料理的普遍程度就跟麵包一樣，這倒不叫人意外。準備好鍋子和火爐對任何游牧部落來說都是料理的第一步，他也提到了栗子、菊芋、根莖類、南瓜和核桃。另一種似乎相當常見的食材是向日葵種子，這則在稍晚後（1921年）才被弗蘭克・漢密爾頓・庫辛（Frank Hamilton Cushing）提及，而松子也在常見食材之列。有些資料指出，熊肉和熊脂也是食材之一，而且據說還相當美味。

　　以上種種食材都有著烹飪的意義，後代的人也以相同的方式加入更多在地種植的食材，像是番茄、胡椒、櫛瓜，當然還有南瓜。後者可能因為南瓜派的出現而從感恩節菜單中消失。

　　第一本食譜書是出現在十九世紀初，但沒有足夠的空間可以列出這麼多食材，不過同時，料理環境也轉移到家中和儲藏室裡，溫柔的女士是不會出門去覓食的。

　　豆煮玉米有兩種煮法。夏天時，搭配新鮮的豆子和玉米，更像是我們所說的沙拉，到了冬天，則用儲藏室的乾玉米和乾豆子煮成粥，或是做成薄片當作務農後享用的食物。

　　早期的食譜通常會加入鹹豬肉，但如果是用玉米芯來煮湯，就不一定了。1853年的報紙《共和黨編譯者》（*Republican Compiler*）裡的新英格蘭食譜這樣寫道：

將玉米粒、豆子和豬肉煮十五分鐘。完成後，鍋中會剩僅能避免食材燒乾的分量。將豬肉裝在淺盤中，豆煮玉米則放在深盤裡。

# 第 3 章

# 高高在上

## 美國如何愛上豬肉

# 付租金的人

　　哥倫布在第二次航行中帶了八隻豬，這些豬是新鮮的肉類和鹽漬培根的來源。據說，這些豬可能還是美洲所有豬的祖先，不過這種說法有點牽強。

　　大多數人都認為，是1539年埃爾南多・德・索托（Hernando de Soto）穿過佛羅里達進入中西部的殘酷遠征，將豬隻引進了北美，這也是歐洲人首次進入北美的中部，他的軍隊死傷過半。現代古巴的開國總督德・索托，從西班牙帶來了200隻豬，但有些說法是他只帶了13隻豬北往。在他去世後的兩年，約莫有700隻豬在沼澤地中野化。順帶一提，他們在旅途中也會享用豬肉、交易豬隻和為了緩解美洲原住民部落的敵意而把豬當成禮物送出。也有一派說法是，這些最初野放的家豬可能還存活在喬治亞州外海的奧薩博島（Ossabaw Island）上，那裡也是牠們野化的地方。從基因的角度來看，牠們與西班牙南部的伊比利黑豬有關係。這些豬

愛好美洲的程度似乎就跟美洲人熱愛豬肉一樣。

豬和探險者之間有一種跨越語言的聯繫。阿瓦拉克人（Arawak）居住於中美洲東部，是從哥倫比亞來到巴西。他們使用了*buccan*這個詞來代表煙燻肉品的木架，而法語將它轉變為*boucanier*，英語則為*buccaneer*。

所有早期的克拉克帆船都帶著豬航行。豬隻繁衍迅速，一頭懷孕的母豬可以在四個月內生產超過10頭小豬。如果使用鹽漬，豬肉可以火腿和培根的形式保存數月。動物可以在殖民地放養再獵捕，或是野放於遙遠的陸地上，牠們就可以紮根並繁衍。在人類移居到遙遠的陸地之前，他們會把先把豬送過去，讓牠們在全新的土地上作為勇敢的首批覓食者，待往後人們前去時，就會有許多肉等著他們。

世界上幾乎每一個地方都有廉價的剩食，豬則很開心地承擔消耗它們的重責大任。不論是新幾內亞的甘藷、玻里尼西亞的椰子、丹麥的大麥，抑或是美國的玉米，豬都會迫不及待享用這些被人們丟棄的食物。因此，牠們與新領地極為速配。這也可以說明，為何豬在英國被稱為繳稅的紳士。一頭母豬可以生產的小豬已經遠遠不只可以繳稅，甚至還可

以用珍貴的肉餵飽一個家庭。由於最早的移民是遠渡重洋而來，他們還需要另一種東西來保存肉類，那就是鹽。鹽可以使肉類在冬季得以久存。

## 聖安多尼（St Anthony）的羊群

野豬（*Sus scrofa*，拉丁文的野豬）早在西元前8000年就已在東地中海區域出現，可能是最早被馴化的動物之一，與狗是同個時期。考古證據顯示，牠們的出現早於小麥或大麥的栽植，甚至推翻了人類最早馴養的動物是綿羊和山羊的觀點。而在中國，馴養豬的紀錄可追溯至西元前4300年。豬和人類有著相同的目的：好奇的野豬被人類聚落的剩食所吸引，牠們也可能是為了躲避大型掠食者而來的。在早期的中國文字中，家的意思便是屋簷下的豬。

對早期的埃及、西班牙、希臘和羅馬居民而言，豬在宗教上扮演獻祭的角色，但可能只是因為方便而已。與山羊和牛能夠產奶及供應皮革相比，豬的社會貢獻則相對較少。

　　羅馬軍團的士兵很有可能帶著豬一同踏上北征的路途，他們育種了兩種豬：大軟耳豬〔生產豬油與製作今日義大利料理中仍會使用到的*lardo*（義式醃肉）的豬〕，以及另一種產肉的小豎耳豬（直到十八和十九世紀才出現重大的育種改良）。這些早期的豬清一色都擁有長腿、短耳、窄鼻、扁平的脖子和直背。在歷史上，這些豬會在九月收成季後被放出覓食。豬並不與人類競爭相同的食物，牠們會吃橡果、栗子、山毛櫸堅果和榛果，而豬極佳的嗅覺能夠聞出地下的蘑菇、根莖類，甚至是小動物。豬肉因此成為晚秋的肉品，培根和火腿則會儲存下來以備過冬。城市建立以後，因為公共衛生的需求遽增，豬也因能夠清除廚餘，甚至是夜香（糞便）而廣受市民的歡迎。巴黎曾給聖安多尼的修道士能在城牆內養豬的特權。某些紀錄顯示，這類早期品種的豬可以長到很大隻，兩歲時的體重就高達千磅（450公斤）之多。

　　在所有肉類之中，豬肉最具爭議性，有些地方依靠豬肉為生，但有些地則禁止食用，人們避之唯恐不及。不只有

伊斯蘭世界不食用豬肉，猶太教和佛教*也不會。《聖經》禁止食用豬肉，穆罕默德同樣也是。這可能反映了中東地區因氣候炎熱乾燥，豬肉不容易保存。我們很少食用以肉類維生的生物，就這點來說，豬也可能是不乾淨的，因為豬什麼都吃。在中國則沒有這項禁忌，現在一頭豬可供約莫三個人食用，丹麥也是如此，豬的數量已經超過了人類（供應了全歐洲的培根）。美國正在迎頭趕上，讓一頭豬可供四個人食用。

豬在十一與十二世紀迎來了全盛時期，當時牠們可以在歐洲森林裡覓食。中世紀時，豬肉比較適合鹽漬，可以製成火腿和醃火腿保存，而牛肉和羊肉的保存效果則不比豬肉。豬被小農視作飼養的首選，但因地主擔心豬隻損害到樹木（尤其是幼苗）而使牠們的地位逐漸下滑，接著到了1250年左右，人們開始畜牧綿羊。高品質的英格蘭羊毛漸漸取代了豬的重要性。

在埃爾南多・德・索托之前的1531年，西班牙征服者法

---

* 編註：一開始佛教未規定不能食肉，到漢傳佛教才開始不吃肉食。

蘭西斯科·皮薩洛（Francisco Pizarro）就記錄了將豬從加勒
比地區帶到安地斯山脈。腿長的豬行動敏捷，能夠作為食物
跟著探險者一起向內陸移動。據說，哥倫布在伊斯帕尼奧拉
島（Hispaniola）野放了帶來的八隻豬，不久後再獵捕帶到墨
西哥、巴拿馬、哥倫比亞和中間島嶼進行遠征。

## 豬國王

　　所有地區最初的殖民者都會攜帶豬。1660年，賓州的豬
隻數量已經超過數千，大多數的農夫都養了四到五隻豬，除
了滿足自需，也會將多餘的製成桶裝鹹豬肉出售。在宰殺豬
隻前，農夫會用玉米餵胖牠們。這些豬大多數都是放養，因
此農夫和殖民者們不只要防範原住民的掠奪，還要防備牠們
踩壞或吃掉玉米。在紐約，法律規定所有高於14英吋（約35
公分）的豬都必須掛上鼻環，以便捕捉。華爾街的由來可能
就是因紐約居民建造防止豬跑進來的城牆。馬、雞和牛因為
是每日工作的工具而成為殖民村落的一部分，而豬在外則較
有用處。十八世紀時，當人們開始向西移動，他們會帶上小
豬，並將其裝在草原篷車車軸上的木箱裡。

直到南北戰爭前，豬都是歐洲村莊中不可或缺的一部分。秋天時，山毛櫸、橡樹、山核桃、胡桃、長衫核桃等會隨著落葉一同落地，豬就能在此時舉辦一場盛大的宴會。牠們在秋天像豬國王，但冬天來臨時，就會被捕殺。這通常是一場集體活動，也是讓全家人，甚至是全村都能參與的活動。有些豬會在市場上販賣，賣得的錢則用於繳稅，因為政府並不接受以豬或馬鈴薯繳稅。供全家人食用的豬會被關在狹窄的空間裡，以玉米或牛奶多餵養幾天，或甚至不餵食以餓死牠們，這樣宰殺時造成的混亂會較小。宰殺是一項公共活動，不僅因為這項工作很困難，用於將豬油熬煮成料理用油的大平底鍋等大型器皿都是共享的。秋收後的過冬準備也是一項社交活動，可將左右街坊凝聚成為一個大家庭。

## 國家機密

如同諺語，除了豬的叫聲以外都可以（everything but the oink），豬的所有部位都可以利用。就連毛刷也用得到牠們的鬃毛；而豬蹄則能提煉出膠水的原料。牠們的肝、腎和胰臟能夠在宰殺當天生吃；血液能夠製作香腸。豬肉可以濕醃或

# 肋排的由來

　　燒烤是一種歷史悠久的飲食模式，在《聖經》中也教導了如何燒烤（《以西結書》24:10：「添上木柴，使火著旺。將肉煮爛，撒上香料；熬骨成湯。」）甚至可能出現得更早。不過，它的詞源則來自於新世界的阿瓦拉克字*barbacoa*的變形。

　　哥倫布與大多數探險者都碰過使用燒烤方式料理食物的的原住民，並也在類似的建築物（架高）上睡覺，遠離地面，安全地避開各種昆蟲和蛇類。人們公認燒烤是中美洲料理的首選方式。第一位描述美洲燒烤的人是德國士兵和探險者漢斯‧史達頓（Hans Staden），他在1555年描繪當地原住民在四個指距高（通常指手指或手掌之間的距離）的壁爐上方，將肉掛在橫梁上，並用適度的火燒烤和煙熏，直到變得足夠乾燥。

　　肋排食譜的起源線索是語言。不是指spare ribs（肋骨），而是spear ribs（矛型豬肋骨*，來自德文的*Rippenspeer*），但字面上的意思都是指肋骨。所用調料/醃料/醬汁中的醋也證明了受到歷史上首批燒烤者的影響，芥末醬和糖蜜也是文化融合的例子，非常有德式風格。義大利對美式料理的影響則是後來的事情。

---

\* 編註：spare ribs 與 Spear ribs 這兩種烹調方式都可以使用豬肋骨，但 Spear ribs 強調了用矛穿刺豬肉後烤制的矛型豬肋骨的烤制方式。雖然這兩種肋骨都可以用於烤肉，但它們在烤肉方式上有所不同。

乾醃，這讓住在海邊或內陸鹽礦附近的村落能獲取可觀的商業利益，因為他們可以從周圍洞穴中蒐集防腐劑，例如硝酸鉀或硝石。他們會將豬肉放進瓦罐中，用鹽、香料和糖（如果有）醃漬，密封後放置四天，接著重複加熱、冷卻的過程。最後，在烹煮前洗去豬肉上的鹽巴。如同萊蒂斯・布萊恩小姐（Mrs Lettice Bryan）在她1839年出版的食譜書《肯塔基主婦》（*The Kentucky Housewife*，暫譯）裡建議的，「用大量的水煮透，配上一些適合的蔬菜，諸如高麗菜、青豆、乾豆、碗豆…」

　　如同阿梅莉亞・西蒙斯（Amelia Simmons）於1796年出版的《美式烹飪》（*American Cookery*，暫譯）中所述，製作火腿並不容易：

在每塊火腿上灑上1盎司（約28g）的硝酸鉀、473公克月桂鹽、473公克糖蜜，混合攪拌並放置6到8週。一批完成時，每天淋上一些蒸餾酒。

接著，將火腿拿到室外，以玉米穗和麥芽為原料燃燒醃

燻。在屠夫的店鋪裡，相關術語非常多樣，有豬腰、豬腿、切塊、炙烤、燒烤、焙烤（roast）。簡要描述的食譜仍是主流，這反映了第一本料理書編譯成冊時，豬依然是鄉村生活的一部分，是農民、農村及酒館的食物，並不受到廚師的關注，也不被視為是上流階級的餐點。儘管歷史上較大型的動物都會被送到上流階級的餐桌上，但豬一直以來都只是在地餐點、鄉村農夫的祕密或經濟的基礎，因此其料理都是家庭性質的。在莉迪雅・瑪麗雅・柴爾德（Lydia Maria Child）於1838年提供了炸鹹豬肉和蘋果的食譜後，她感嘆道：「這是一道在鄉村深受喜愛的料理，但幾乎不會在都市中見到。」

## 連根拔起的生活

　　南北戰爭改變了美國人與豬的關係。軍隊需要糧食，行進的士兵摧毀了東岸限制豬隻自由覓食的圍籬。南方騎兵洗劫了農場和儲藏室，拆除圍籬用來生火取暖和煮食豬隻。如果問題只出在他們吃豬，那麼歷史意義並不大，因為豬本就可以被取代。但圍欄這種基礎建設，以及它所代表的生活方式——村莊的生活、當地的生活、農村的生活、南方的生

活──並無法重建。1860年時,在維吉尼亞州和北卡羅萊納州的周遭區域進行了國家普查,其中顯示有三十六萬頭豬。十年後──即使經過了五年和平的生活──豬的數量銳減到僅剩一半,就連1920年的豬隻數量都沒有1860年來得多。

戰爭的實用主義孕育出現代農業和速食的種子,食物也軍事化了。戰爭過後,富有的農場主看上了空地所能帶來的收益,渴望擁有更多土地。他們認為牲口應被限制在籬笆中,不該再像過去一樣讓牠們四處漫遊。但沒有土地的窮人無法種植出足夠的作物餵養牲口,如此一來,他們的收入就會減少。這種生活方式就這樣被連根拔起,消失在歷史中。對豬而言,這也是自由的盡頭。

在南北戰爭的混亂中移動豬隻可不是件容易的事。牧豬人徒步趕豬,每次100隻,每天走5到8英里,有些牧豬人一生可以走到700英里之多。或許有超過5萬隻豬在內陸找到路前往俄亥俄州市場並被屠宰。辛辛那提市後來被人們稱為豬肉之城,是豬肉運輸的中心。一位肯塔基州的農夫記錄了1835年從他門前經過的動物數量──4716匹馬、1951匹騾子、2485頭牛、2887隻山綿羊、1320隻綿羊和驚人的69187頭豬。

　　鐵路加速了改變的發生。1887年時，美國轉運交通公司（Swift & Co）裝上了製冷鐵路車廂，可用冰塊降溫。一夕間，人們再也不用驅趕活豬到市場。他們可以在當地宰殺再外銷。芝加哥、堪薩斯市和蘇城成為了豬肉銷售的主要中心，這有個完美的理由——中西部是玉米的主要生產地，玉米帶成為了養豬帶，而愛荷華州就成為了豬荷華州（Porkiowa）。

## 醃製和商業化

　　豬的進化時間軸在英國較為清楚。尤其是在艾賽克斯郡（Essex）的培育者，特別積極從亞洲和義大利進口豬隻來進行改良。在倫敦碼頭卸載的動物會被運往鄉村地帶的艾賽克斯郡。

　　在西邊，威爾特郡（Wiltshire）的卡恩（Calne）因為坐落在倫敦和布里斯托爾之間的畜道上而聞名於世。1847年時，市鎮的屠夫約翰·哈里斯（John Harris）派他的兒子喬治到美洲看看有什麼新發明，而喬治帶回了令人振奮的消息——全新發明的冰桶。

# 熱狗與狄克西涼拌高麗菜（Dixie Slaws）

　　南北戰爭後，豬肉的工業化產生了許多種類的菜餚，慶祝美國對豬肉的熱愛。這些菜餚有豬背骨肋排、燉肉、培根費城起司牛排漢堡、培根雙層起司漢堡、火腿和瑞士起司黑麥三明治、火腿和雞蛋，以及麥當勞的肋排堡。山核桃木煙燻、聖路易斯風格、窯灶燒烤、慢火將肉煮到軟爛易撕，這些肋排的飲食文化也帶來穿著圍兜的風俗習慣。

　　圍繞著整個行業的酒吧（提供鄉村音樂的娛樂酒吧）銷售演講誕生於愛荷華州，稍後也出現在北卡羅來納州。這些食譜主要來自於歐洲，通常是歐洲移民自己發現的，也是將既有想法融合在新國家的文化嫁接。波蘭人帶來他們的波蘭香腸（kielbasa）、義大利人帶來義式肉腸（mortadella）、德國人則帶來德國油煎香腸（bratwurst），而維也納香腸（*wiener*）後來則變成豆子熱狗（bean dogs）、康尼島熱狗（Coney Islands）、狄克西涼拌高麗菜、密西根熱狗（Michigans）、紐約系熱狗（New York System）、紅熱狗（Red Hots）、開膛手熱狗（rippers）、索吉斯熱狗（Saugys）、索諾蘭熱狗（Sonorans）、德州維也納熱狗（Sonorans）、白熱狗（white hots）等等。

　　以上許多傳奇菜餚都是在移動餐車上首度出現。後來它們不是被其他人借去使用，就是改出現在餐廳等靜態場所中。有許多人模仿這類極佳的菜色構想，所以難以分辨是誰擁有或誰發明的。

　　事實上，熱狗原先的名字是熱臘腸，因其形狀酷似臘腸狗而得名。這個名字據說是由約翰・格奧爾格・拉納（Johann Georg Lahner）所取，他是1600年在科堡（Coburg）的屠夫，後將熱狗帶到法蘭克福。但法蘭克福對熱狗出現的年代提出異議，他們主張應早在哥倫布地理大發現的前五年，也就是1487年時，熱狗就已經出現。而維也納的居民指出，根據熱狗的命名，維也納香腸應該屬於他們。至於到底是誰將法蘭克福香腸（frankfurter）放進麵包裡，又

是另一個你來我往的爭議了。不過在1871年時，一位德國屠夫查爾斯・費特曼（Charles Feltman）經營了第一家康尼島熱狗流動攤販，在營業第一年就售出了3684條牛奶卷臘腸。與之最為相關的是德國人在此之前就已有香腸，且會夾在麵包裡吃，引進這種飲食型態到體育場中的也是一位德國人——聖路易斯・布朗（St Louis Browns），他有棒球比賽的特許經營權。

而可憐的臘腸被一腳踢出了這個故事，起因是十九世紀的紐約人懷疑在他們的三明治裡是否真的有狗肉，很遺憾，他們領略不到這個名字的笑點。

　　作為精明的商業家，哈里斯立刻了解了冷凍不僅能讓他們將肉品裝運至首都和其他城市，也能改變這個產業的醃製模式。由於須要在冬季保存豬肉，通常會加非常多的鹽巴與調味料，也會進行高強度的煙燻。以現代口味來看，可能會覺得難以下嚥。但如果肉品可以一直低溫保存，就不必再使用傳統高強度的保存方式。威爾特郡醃製（Wiltshire cure）因此誕生。哈里斯一家也很幸運因為沿著他們載運豬隻的同一條路走下走，下一站就是上流社會的巴斯（Bath）。威爾特郡醃製培根很快就在上流階層中蔚為流行。

　　不到10年的時間，哈里斯一家就建好了從卡恩到主幹道奇彭勒姆（Chippenham）的鐵路，用以載運他們的培根、火腿和香腸到倫敦和布里斯托爾。據說他們每天售出的香腸排列可長達2公里，甚至還開始外銷火腿到美國。

## 起司與酒吧

　　養豬業通常會聚集在會製造廚餘的小型產業周邊，最常見的就是釀酒業。巴特錫（Battersea）和沃克斯霍爾（Vauxhall）的釀酒業為倫敦市場提供了超過9000隻豬的飼

料。許多英國酒吧依然在他們的名字中保存啤酒和豬之間的關聯，例如「豬和哨子酒吧」（Pig and Whistle）。諺語「去豬和哨子」（go to pigs and whistles）的意思是毀滅。或者是西薩塞克斯（West Sussex）獨有的「客廳裡的好奇豬」（Curious Pig in the Parlour）。

養豬業和起司製造業也有關聯，尤其是長腿的棕色譚沃思豬（Tamworth）。人們以斯蒂爾頓（Stilton）的乳清蛋白餵養牠，並用於製作原始的豬肉派，這道菜在梅爾頓莫布雷（Melton Mowbray）特別出名，因為它是人們狩獵時常攜帶的食物，也有被運往倫敦和北部。在義大利的帕瑪（Parma）也可以發現相同的關聯，那裡的豬以帕瑪乾酪產業的乳清蛋白餵養，用風乾方式製成火腿。此時使用的豬隻至少要九個月大。

這些新品種的豬被視為鄉村的象徵，豬是小農的首選，而地主、貴族則對馬更有興趣。這些動物有一些從地名演變而來的美麗舊名，通常帶著出產地的自豪感，例如格洛斯特郡花豬、約克夏藍帶豬（Yorkshire Blue）和牛津桑迪豬（Oxford Sandy）。十九世紀時，英格蘭豬在畫作中頗具盛

原味配方

# 料理的形式

倫敦的大英博物館藏有一張1390年的牛皮紙卷軸，據説是由理查二世（Richard II）的廚師所著，cury這個詞經常被人誤認為咖哩，但事實上這來自法語詞彙cuire，也就是烹飪的意思，而且這種醬汁很適合淋在烤豬排上：

將燙過的豬肉切成四等分，在鹽水中煮沸後放冷。將西芹、鼠尾草、麵包和全熟蛋黃一起磨碎，加上稍微濃稠的醋調和，再把豬肉擺盤，淋上醬汁即可上桌。

# 烤豬

一分有趣的英文早期文獻記載了如何烤一隻乳豬。文章來自伊莉莎白・拉法爾德（Elizabeth Raffald）著述的《經驗豐富的英國管家》（*The Experienced English Housekeeper*，暫譯，1769年）：

將十週大的乳豬放上烤盤，另將兩條鯷魚、六片鼠尾草葉和豬肝切成小塊，製成肉餡，然後將肉餡放進大理石研缽中，加入57公克麵包屑，113公克的奶油、半茶匙卡宴辣椒（Chyan pepper）、236毫升的紅酒，磨成糊狀，塞入豬肚中並縫合起來。在烤的時候與大火保持一定的距離，並烤至全熟。烤的途中用酒澆灌，烤至半熟時，在豬下方放114公克的麵包。如果沒有足夠的酒，就多加一點麵包，當乳豬快要烤好，把麵包和醬汁從瀝油盤中取出，放入一條切碎的鯷魚、一束芳香調味草料、半顆檸檬，煮沸數分鐘，再塗抹在烤乳豬上。在豬的嘴裡放一小顆檸檬或蘋果，每邊放一塊麵包，過濾醬汁後淋在滾燙的烤豬上。鋪上小檗花（barberries），放上檸檬切片圍繞它，最後就能上桌了。這是一道功夫菜，燒烤共需4個小時。

名，牠們就像富裕的紳士在田間閒逛一樣。

養殖者的迫切需求總是養出更大的豬，因此蘇格蘭小黑豬就變成了西部鄉村大黑豬，而且在1920年的皇家博覽會（Royal Show）上還是最受歡迎的豬種。牠最受歡迎之處在於牠能自行覓食、性格溫順、生長非常快速，也能生下很多小豬。但這些優點在之後都逐漸不受重視，因為未來小農的利益都被豬肉工業化和所謂的進步發展剝奪了。農場曾是上流階層的領地，可以自由買賣他們喜愛的動物，但現在有一種新的倫理漸漸成形。

軍方曾在戰時接管了英國的糧食生產，之後，他們將注意力轉向和平時期和為全國國民提供食物。1955年，豪伊特（Howitt）規畫了國家的需求，政府僅鼓勵生產三種豬，分別是威爾斯豬（Welsh）、長白豬（Landrace）和大白豬（Big White）。其他豬的命運將交給一個20年後成立的自願團體，名為「珍稀動物保護機構」（Rare Breeds Survival Trust）。這是一項嚴苛的法令，它抹滅了鄉村絕大多數的特色和個體性，也從餐桌和基因庫中移除了大量的多樣性。古老的品種如阿爾斯特豬（Ulster White）、林肯郡捲毛豬（Lincolnshire

Curly）、約克夏藍帶豬和白帶豬、坎伯蘭豬（Cumberland）和多賽特金尖豬（Dorset Gold Tip）都在1976年被官方認定已滅絕。

## 資本主義豬

豬的商業化於1961年達到巔峰，當芝加哥商品交易所將豬肚列為期貨後——可以買二十短噸，大約是四萬磅或一萬八千公斤的冷凍去毛豬肚。這個故事在1972年和1983年被拍成《嬌妻擺烏龍》（*For Pete's Sake*）和《你整我，我整你》（*Trading Places*）這兩部電影，但在缺乏熱情，或可能是人們逐漸意識到實際上到底發生了什麼事，期貨豬肚在2011年時就不見蹤影了。

在現代食品工業的科幻世界中，美國豬肉產業的中心最終從愛荷華州轉移到北邊的北卡羅來納州的海邊。一排巨大的的灰色瓦楞平房鄰接著修剪過的草坪和光滑的柏油路，這是《超完美嬌妻》（*Stepford Wives*）中的常見景色，但在看不見的地方，豬在黑暗中並排躺著，被注射生長激素、人工授精（這是在1932年發明的一種創新，如果你想這麼稱呼

它），在狹窄的鐵籠中分娩。

　　豬在新世界立即得到人們的認可和喜愛，但其他種食物則在數個世紀後才漸漸為人所接納，尤其是那些沒有出現在《聖經》中的食物。

# 第 4 章

# 蒙特祖馬的祕密

## 從可可豆到巧克力

# 苦澀的水

在通俗歷史中流傳著巧克力的相關，因此，我們需要一些智慧才能解開這糖果包裝。即使只是巧克力這個名字，對辭典編撰者而言就已經是一大難題。「苦澀的水」看似是從那瓦特爾語*xocoatl*借來的詞彙，但事實上有學者指出，這類的衍生詞在西班牙語中是相當晚近才出現，還有諸如choko（意即熱）、chicolat（意即打成泥的飲料），以及cacaua（意即可可）等變體字。

我們能確定征服者在中美洲和南美洲發現了可可樹，但他們最初的意圖是獲取經濟利益而非美食。可可豆被當作貨幣交易，在西班牙征服時期的墨西哥，一隻兔子價值四顆可可豆，妓女值十顆而奴隸值一百顆。阿茲特克人用可可豆納稅，馬雅人在房屋周圍開闢了可可園。考古學家發現，可可作為飲料引用的時期可追溯回西元前2000年的奧爾梅克文明及摩卡亞文明。可可很明顯是一杯飲料，甚至是一種冷飲，

會與玉米混合或撒在糊狀的粥上。大多數的文獻指出埃爾南・科爾特斯（Hernan Cortes）在今日的墨西哥市晉見（後來綁架了）皇帝蒙特蘇馬二世（Montezuma II）時所喝的飲料搭配了辣椒和玉米，以及其他不令人印象深刻的東西。原住民首次招待探險者的飲料是一種熱粥，表面浮有油膩的奶油，喝完後須將手指舔乾淨。

　　直到1772年，我們今日熟悉的固體巧克力才在美國出現。在那之前，它橫越了大西洋，被藏在西班牙的修道院裡，僧侶利用煉金術改造它。他們尋求教皇的許可，讓巧克力得以在齋戒日僅供貴族食用。直到兩次皇室的聯姻後才改變了此一現狀。

　　與可可相反，巧克力需要糖和將固體可可脂研磨至滑順的技術。今日，可可已經不再生長於中美洲，而是生長在巴西、迦納、象牙海岸和奈及利亞。不過後三者已不再將可可看成是美食，而是將其視為高經濟價值的作物，因為它的價格已經高到令大多數當地人都無法飲用它。

　　可可樹只生長在赤道10到20度之間潮濕、溫暖、無風的氣候帶。雖然forastero品種可以長到60英尺（約18公尺）

高，但往往會被修剪成20英尺（約6公尺）高，經常與香蕉、橡膠或椰子樹種在一起以遮蔭。可可豆莢需要六個月的生長期，從綠色或黃色生長到橘色或紅色才算成熟。收成時用刀劈開豆莢，並放在樹葉上發酵數天，待種子變得更黑也聞得到苦澀的氣味時就能曬乾豆子。到目前為止的做法都像是古代的採收方式。人們會將這些可可豆用手工研磨後混合成飲料。不過今日的做法是將它們像咖啡豆一樣，以攝氏121度到177度之間的溫度進行旋轉烘烤。接著利用揚穀的方式分離外殼，分成外殼和內核，外殼用於餵食牲口，內核則壓碎成液體，再透過機械分離出重要的可可脂。

這些程序並非是16世紀的西班牙修道院發明，僧侶的煉金術僅是將可可混合砂糖及其他香料，例如肉桂、香草、肉荳蔻與五香粉。在整個世紀裡，他們沒有讓西班牙國王與梵諦岡知道，直到1569年，梵諦岡頒布命令，表示星期五喝巧克力並不違反齋戒。1615年時，西班牙的菲力普三世將他的女兒安娜嫁給法王路易十三時，安娜將這個祕密一起帶到了法國。過了一個世代後，另一位西班牙公主，瑪麗亞·特蕾莎（Maria Theresa）於1660年送給丈夫一個裝著可可豆的雕

花寶箱作為結婚禮物。

　　1657年，首家巧克力專賣店在倫敦開張（由法國人開設），隨之而來的是近2000家的巧克力專賣店。這種巧可力店是倫敦紳士俱樂部的前身，也是上流社會和貴族用來閒聊、密謀、享用新世界靈丹妙藥的場所，它提供當時流行的飲料給富家子弟，但更重要的是，它是提供非酒精飲料給有信仰的人的專賣店。1657年，報紙《公眾廣告商》（*The Public Advertiser*，暫譯）宣布：「在主教門（Bishopsgate St）、皇后大道、那家法國人開的店裡，售有一種來自西印度群島的極佳飲品，稱為巧克力，您可以隨時享用，也可以合理的價格購買未加工過的原料。」

　　最初，巧克力被認為具有神奇的效果。就如同許多新食品一樣，它很快被宣傳成具有催情效果。1657年，威廉・柯爾斯（William Coles）在《伊甸園中的亞當》（*Adam in Eden*，暫譯）寫道：「由可可豆製成的甜點被稱為巧克力或朱古力（Chocoletto），可以在倫敦的許多商家中以合理的價格購入。它對生育具有極佳功效，不只能引起人們的性慾，也能使婦女受孕。除此之外，它還能保持健康，因為常飲用的人能變豐滿、美麗又和藹可親。」

## 原味配方

# 墨西哥式巧克力玉米飲

　　以前給病人的舊食譜會寫建議飲用燕麥酒和水或牛奶的鎮靜修復飲。羅賓遜（Robinson）的大麥汁是使用珍珠大麥的家傳飲料，聲稱富含維生素B，據說能幫助消化和解決黏膜疾病。

　　以上這些都來自舊世界。我們會發現到這項標誌性的墨西哥飲品中，加入了多種穀物，通常有花生或松果，有時則會加入水果或巧克力調味，香草也是其中一個選擇，這些都與中美洲的歷史有關。你可以嘗試加入其他種穀物，尤其馬薩（masa，玉米粉）磨得很細，因此溶解度也比其他種玉米澱粉還要好。Piloncillo是一種墨西哥的蔗糖，可替代黑糖和糖蜜。製作過程中會使用一種名為莫利尼略（molinillo）的攪拌器*，但電動的能夠持續攪拌十分鐘。以下是墨西哥玉米飲的食譜：

1/2杯馬薩穀粉　　5湯匙磨碎的Piloncillo

2½杯水　　1根肉桂棒

2½杯牛奶　　少許海鹽

4盎司（113公克）墨西哥巧克力

將水和牛奶倒入馬薩中，攪拌到沒有顆粒為止。開火後持續攪拌到黏稠狀，加入磨碎的Piloncillo和肉桂，煮滾後關火，再倒入巧克力。繼續攪拌到起泡，最後取出肉桂棒倒入杯中即完成（4人分）。

---

\*編註：拉丁美洲以及菲律賓使用的一種傳統木質攪拌器，主要用於製備熱飲料。

　　烘焙師傅已經想出了不太健康的食譜，其中包含有巧克力酒。打好蛋黃後與白酒、巧克力和糖一起倒入鍋中，或是以馬德拉酒（madeira）代替白酒，放上三天即可。

　　但西班牙人維持著他們這種與巧克力的特殊關係。1810年時，世界上半數的巧克力都是來自他們的殖民地委內瑞拉，其中又有三分之一在西班牙售出。1780年，在巴塞隆納建立了第一間巧克力工廠。到了此時，西班牙人悄悄地從巧克力的故事中消失，與中美洲所以可追溯的聯繫也隨之消失，可可樹也被帶到西非與南美洲的巴西去種植。

## 機械大師

　　廚師並不是固體巧克力的創造者，除非把修道士也算進去，此一創舉是來自瑞士的機械迷們。他們利用蒸汽動力和液壓技術，首次將巧克力與糖、牛奶混合在一起。此舉並非一蹴可幾，這個重大躍進花了將近百年的時間。

　　許多在19世紀投身巧克力業的公司倖存了下來，至少在表面上是這樣（以及在同一家族中傳承）。原因在於，巧克力是從糖業貿易轉職過來的食品科學家所製造的產品。巧

克力複雜的配方也使得食品標示首度出現。由於企業對食品內容物標示造假的指控感到憂心忡忡，因此巧克力棒就成為了有史以來第一個有標示食品內容物的食品。在英格蘭，喬治‧凱德伯里（George Cadbury）迫切地想要標示他的產品，因為他的競爭對手銷售的巧克力棒內含紅磚灰。在上個世紀，每個不同國家的巧克力內容物都不同，唯一共通的只有可可豆。就像葡萄酒一樣，它並非單除的葡萄汁而已。

巧克力的製造是一個產業化的過程，製造一個巧克力棒需要一整間工廠。基本的製作關鍵在於使用多少可可液、可可脂和糖，處理過的可可脂會混入可可液中，以增強口感。以下與其說是食譜，不如說是按時間順序排列的工廠配方，以及那些品牌的名稱。1819年，路易斯‧凱勒（Louis Cailler）接手了位於日內瓦湖附近沃韋（Vevey）的舊磨坊，以研究從義大利學來的點子（這間工廠現在由雀巢所有）。六年後，菲利普‧蘇查德（Philippe Suchard）在沃韋自製數台機器以生產巧克力。1828年，荷蘭化學家昆拉德‧馮‧約翰內斯（Conrad Van Houten）開發出可液壓式的可可榨取機，能從固體的巧克力中榨出可可脂。

　　兩年後——絕非巧合——約瑟夫・弗萊（Joseph Fry）做出世界第一條固體的巧克力棒，並首次將可可脂混回可可液中，而這個想法被詹姆士・瓦特應用於布里斯托爾的蒸汽引擎上。又過了兩年，吉百利公司也開始製造巧克力棒。喬瑟夫・弗萊是一位非常有創新能力的人，他製造出220種不同的巧克力棒，從1866年用巧克力奶油為原料，到1914年的土耳其巧克力棒。弗萊也在1896年因首位從家族事業做到有限公司的人而出名。

　　1875年，丹尼爾・彼得（Daniel Peter）娶了路易斯・凱勒的女兒後終於解出如何製造牛奶巧克力的機密，他與即將成為商業夥伴的化學家亨利・內斯萊（Henri Nestlé）分享了這個煉乳的祕密。

　　內斯萊起初是以調製蘭姆酒和苦艾酒的配方為生，後來對製造嬰兒奶粉產生了興趣。在此之前，他和彼得一同經營著銷售燈油的生意。但內斯萊在誤打誤撞下從嬰兒奶粉中發現了將牛奶中水分提取出來的方法。巧克力會發霉是因為其中含有水分，而隨著乾粉的發明，牛奶巧克力棒也在1875年問世。

# 新世界的第一道菜餚

巧克力醬火雞，或者說是墨西哥的mole，在烹飪中有兩種完全的標誌性解釋。首先它是道非常古老的中美洲料理，其次它也經常被稱作美洲新住民的第一道菜餚，積極地將許多種新舊世界的食材搭配在一起。兩種說法均來自當代墨西哥，且這道菜被視為能代表國家的菜餚。據說這道菜最初是與普埃布拉（Puebla）聖塔羅莎修道院（Convent of Sant`a Rosa）的修女有關，因主教突然來訪，她們只好以阿茲特克的料理方式將手邊有的食材全部下鍋並搭配火雞。有人以此推論最初火雞應該是切塊後串在一起並塗上醬汁細火慢烤，在料理過程中再用更大量的醬汁塗抹。混合香料後與肉品一起醃製及澆汁醬料，是一種中美洲料理的技巧。

mole是從那瓦特爾語molli演變而來，意思是醬汁。最初的mole可能是一種辣椒醬，混合了安丘辣椒（ancho）、帕錫亞辣椒（pasilla）、穆拉托辣椒（mulato）和奇波雷辣椒（chipotle）。製作這種辣醬要花費一整天的時間，尤其是在研磨器發明出來之前，所有東西都得用杵和研缽手磨，或是用刀背拍扁，還得將不同種的辣椒分開煮。當然，西班牙人可能早已帶來了茴香、肉桂、香菜和丁香，糖也經常被加進mole裡，但最初的版本可能沒那麼豐富。

mole中有五種關鍵材料：辣椒、酸味食物，例如綠番茄、乾燥水果（以及後來的糖）、香料和讓醬汁變得濃稠的材料，最初是用麵包、玉米餅或堅果若是堅果須烤過後磨成粉，再與高湯混合使它變得濃稠。可可豆在最後才加入（這道食譜比巧克力的發明早了近三個世紀，它能很好的平衡辣椒的味道和豐富色彩）。

以此為基礎，這道料理演變成了今日的醬汁，材料多達二十種。西南部瓦哈卡（Oaxaca）地區甚至會加入更多，該地也被稱為鼴鼠之鄉*。

---

* 編註：mole 也有鼴鼠之意。

接下來還有更神奇的事。1879年，魯道夫‧蓮（Rodolphe Lindt）開發出神祕的精鍊程序。只要花上夠長的時間翻攪可可液，它就會變成更加滑順有光澤。這裡用揉麵團舉例應該比較好懂。若是使用魯道夫‧蓮時代的古老機器，耗費的可不是幾個小時，而是數天以上。他稱他的機器為「海螺」，因為就像其他發明家一樣，他是一個熱愛機械的人，而這個機械在他看來就像一個海螺殼，海螺會滾出每一顆砂礫。最後，也是一位來自蒙特魯（Montreux）的瑞士心朱爾斯‧蘇查德（Jules Suchard），想出了如何製作出不同口味的巧克力。

許多十九世紀承先啟後的發明家，都熱衷於行銷與，其中的指標人物莫過於特奧多爾‧托布勒（Theodor Tobler）。他在瑞士的伯恩開發出標誌性的三角形巧克力棒，並於1908年首次販售。商標上的熊代表了它的誕生地。雖然當地的馬特洪峰的三角形是顯而易見的靈感來源，他的家人仍堅稱特奧多爾是在巴黎的女神遊樂廳（Folies Bergère）觀賞過女性舞者跳的康康舞後才設計出來的。

## 巧克力棒之人

1764年，第一塊巧克力進入北美洲。詹姆斯‧貝克在麻薩諸塞州的多爾切斯特（Dorchester）經營了一家雜貨店，他從約翰‧漢農（John Hannon）進了一些豆子。他打算在當地的造紙廠研磨那些豆子，並在公司的創立初期用剩餘的袋子向造紙廠交換使用的權利。漢農則是一位以四海為家的愛爾蘭移民，他曾在英格蘭學習巧克力的相關知識。他們兩位在1771年一起創業，開始製造固體巧克力棒，名為漢農的最佳巧克力（Hannon's Best Chocolate）。漢農在前往西印度群島的旅途中失蹤後，貝克便帶著他的妻子離開，並將公司的名稱改為貝克巧克力公司。

巧克力具有某種革命性的味道，因為它是在美國獨立戰爭時期避過英國軍艦的封鎖，從加勒比海走私而來，但貝克並不喜歡早期歐洲人的那種合作方式。然而就如同歐洲人一樣，貝克家族在早期也是行銷天才。詹姆斯的兒子華特（Walter）就會使用廣告板、報紙、食譜卡，甚至開放參觀工廠，以讓更多人知道他們的新產品。

密爾頓‧赫爾希（Milton Hershey）位於賓州的新工廠

開始能夠大量製造巧克力棒時，好時（Hershey）巧克力棒在
1895年問世了，它讓全美上下都嚐到了巧克力的真正滋味。
這件事在1938年變得極為重要，因為當時美國政府下令發給
所有軍隊的配給包中都應有三條四盎司（113公克）的巧克力
棒。密爾頓・史內夫里・赫爾希首先因焦糖棒而賺了一筆，
也因而誕生出名句：「焦糖是一種時尚，但巧克力才是永恆
的」（caramel is a fad, chocolate is a permanent thing）。他
研發出赫爾希製程，據說能降低對牛奶品質高低的依賴程
度。在往後數年內，陸續生產了各種不同的產品：1907年的
好時之吻（Hershey Kiss）、1925年的好先生巧克力棒（Mr
Goodbar），以及1938年的可瑞可（Krackel）。

## 綠色先鋒

可可豆產業同時也是有機、公平交易和環境友善的先
鋒，巧克力是具代表性的食品。從歷史事件來看可以知道，
可可豆無法大規模種植。在1960年以前，世界上幾乎所有的
可可豆都生長在小於二英畝（8093平方公尺）的方形農地
中，而且從那之後的技術創新都被證明是失敗的。例如規劃

良好的種植園先是由投機者贊助，後來則由外國的投資者援助，但由於過度集約的種植而產生了疾病，為控制住災情又得增加化肥成本，導致種植園接二連三的倒閉。因此證明可可樹偏好有機和少量栽種。可可樹需要六年時間才能生長到具結果的能力，樹與樹之間的間隔需要至少十五公尺，周遭也要有其他樹種替它遮蔭，例如香蕉樹或棕櫚樹。它也沒有收穫期，豆莢會在不同時期成熟，也只能待其自然落下，這是其他種植物沒有的特性。

原味配方

# 第一塊巧克力蛋糕

在美國，首次提及巧克力蛋糕的是在1838年由瑪麗·蘭多夫（Mary Randolph）所著的《維吉尼亞家庭主婦》（*Virginia Housewife*，暫譯），然而其實這並非是巧克力蛋糕的食譜，而是一道用糖、奶油和麵粉製成的餅乾並搭配巧克力沾醬的食譜。第一道食譜可能要更早一些，因為第一版出版於1824年。因此，巧克力沒有被視為製作料理的食材，而是奢侈品，或是飲料。

將227公克的上等黑糖過篩進93公克的麵粉中，將113公克的奶油和足夠揉成麵糰的奶油揉至鬆軟後再擀成厚度適中的條狀，切成一吋寬的條狀，將麵糰放進烤箱烤，最後沾著巧克力吃。

根據萊絲莉（Leslie）夫人出版於1852年的《新食譜書》（*New Recipe-book*，暫譯）所寫，美國第一道真正的巧克力蛋糕食譜大概是相對繁瑣和耗費體力的，因為還須從板子上刮下巧克力。法國廚師曼儂（Menon）早在1750年出版的《美食資產階級》（*Cuisine Bourgeosie*，暫譯）中就已做出混合了奶油和糖的巧克力冷凍甜點。

巧克力直到1886年都還被視為飲料，當時在《皇家泡打粉食譜》（*Royal Baking Powder Cook Book*，暫譯）一書中提及蛋糕時，也一同提到了巧克力凍和巧克力派的食譜。但在維也納，咖啡文化早已啟發廚師開發出新穎的蛋糕，作為咖啡店和飯店的招牌。以此為出發點，薩赫蛋糕（Sacher Torte）——一種中間塗層為杏子醬、外層為巧克力的巧克力蛋糕——據說首先由副主廚弗朗茲·薩赫（Franz Sacher）在1832年創造出來，他的兒子愛德華（Eduard）進一步改良了它，並於他在1876年開張的薩赫飯店（Sacher Hotel）供應。烘焙坊和飯店為了他遺留下的技術所有權進行了一場長期的法律訴訟，直到1963年才正式定讞。妥協方案是在薩赫蛋糕上印上愛德華的名字，而薩赫蛋糕每年可以售出36萬個，以此能雇用四十一名員工。

# 第 5 章

# 有毒的塊莖

## 歐洲人如何愛上馬鈴薯

# 咀嚼冷凍乾燥馬鈴薯
# 和馬鈴薯泥白菜

　　馬鈴薯首次抵達歐洲時，遭到辱罵、詆毀和痛恨，因為人們認為它是異教徒的、骯髒的，三百年來一直懷疑、警戒著它。但它所富含的營養是撐起現代西方文明的支柱之一。1840年，愛爾蘭農村發生了大規模的枯萎病，有四分之一的人口不是死亡就是逃離了家鄉，從大西洋到美洲。

　　西元前8000年，阿茲特克人和印加人在安地斯山脈種植超過五千種馬鈴，這景象出現在莫切文化和納茲卡文化（Nazca）的圖像中，可追溯到史前時代。1532年，征服者在現今玻利維亞和祕魯之間的安地斯山脈發現了chuño形式的馬鈴薯。Chuño是指稱，經隔夜冷凍再風乾一日的黑色或白色馬鈴薯，也是印加和阿茲特克文化的主食，可作為麵粉，與蔬菜和少量肉類一起燉煮，可保存十年。西班牙人對此不以為然，他們將Chuño餵給駄獸和病人吃，也儲存在船上作為輕口

糧防範未然。相較之下，美洲原住民則很崇拜它，並將之當作隨葬品，也會把它放在路邊供旅者食用。

在語言學上，馬鈴薯（potatoes）這個字來自papas，這個變體至今依然是西班牙語中常使用的字。馬鈴薯很可能是從北美洲逆向輸入到南美洲，再由蘇蘭格移民帶到美國，在1719年時，首次在新罕布夏洲（New Hampshire）的倫敦德里（Londonderry）種植。

在英國的教科書中，最常出現的故事是探險者華特・雷利爵士（Sir Walter Raleigh）橫渡大西洋帶回馬鈴薯。但其實這只有一半是真的。雷利被女王伊莉莎白一世封爵，並賜與探索新大陸的祝福——一幅女王祝福他遠征的畫像仍然掛在英國議會大廈。但事實上，他從1580年代起就從未踏足過北美洲的海岸，而是在遠處探險——派人去探索、回報和替他做事。

在南方，西班牙人於1532年抵達安地斯山脈，交易chuño和馬鈴薯。西班牙征服者和祕魯編年史家佩德羅・希耶薩・得里昂（Pedro Cieza de León）於1540年的編年史提到馬鈴薯：「煮到冒泡時，它會變得像煮熟的栗子。曬乾後稱為

chuño，可保存起來以供不備之需。」

雷利的羅阿諾克殖民地（Roanoke colony，位於現今的北卡羅萊納州）是一場災難。疾病、美洲原住民的掠奪和毫無能力種出作物意味著殖民者會挨餓超過一年。法蘭克斯・德瑞克爵士（Sir Francis Drake）結束在加勒比海地區與西班牙人的戰爭後，在歸途中救出了倖存者。他也在途中停靠於哥倫比亞的卡塔赫納（Cartagena）進行補給，而在補給品中就有許多南美原住民的作物，包括從西班牙大型帆船上掠奪而來的馬鈴薯塊莖和菸草。

在雷利的指揮下，托馬斯・哈里奧特（Thomas Harriot）於維吉尼亞州倖存下來，並將作物帶回英格蘭，後來帶到了科克（Cork）附近的雷利的莊園，並從這裡將作物傳布到整個愛爾蘭。不幸的是，在宮廷內贈送馬鈴薯給伊麗莎白女王導致了一場災難。人們為了慶祝新發現舉辦了一場慶祝派對，然而在廚房裡的廚師對馬鈴薯一無所知，他扔掉了沾滿泥土的塊根，只烹煮了有毒的莖和葉。整個宮廷因此下吐下瀉，馬鈴薯的名聲也因此跌落谷底。馬鈴薯被宮廷視為違禁品，同樣的命運也在未來的250年內不斷在歐洲發生。

　　新教徒因為《聖經》從未提及馬鈴薯而拒絕種植，天主教徒雖會種植它，但只有在馬鈴薯的種子被聖水洗淨，並於聖週五才能種植。聖週五是一個傳統的節日，在一些地方仍保留有這項傳統，雖然是基於最佳實踐（best-practice）[*]而非宗教。馬鈴薯在動物和饑荒者中找到了食客，但馬鈴薯基本上都出現在植物園中，被視為異教徒土地的產物和致病因素，從痲瘋病到梅毒都跟它有關。

　　早期的科學家對此有不同說法。早在1662年，英國皇家學會（來自園藝相關的專家）向政府和國家推薦種植塊莖，但沒什麼人接納他們的建言。直到150年後，因饑荒與《泰晤士報》的鼓勵下才逐漸改變了民眾的思想和感受。但是在比頓夫人（Mrs Beeton）於1862年出版的第一本食譜書中，她仍然嚴正警告煮過馬鈴薯的水可能具有危險性，她告訴讀者「謹慎行事並避免食用它」。同樣的故事也發生在北歐，人們直到18世紀末才廣泛種植馬鈴薯。路易十六開始在衣服別上馬鈴薯花的圖案，瑪麗・安東妮也在她的頭髮上別了一朵

---

[*] 編註：管理學概念，認為存在某種技術、方法、過程、活動或機制可以使生產或管理實踐的結果達到最優，並減少出錯的可能性。

# 薯條佐任何東西

　　油炸食物──用牛脂或鵝油油炸，因為直到1898年，人們才掌握使用玉米油的技巧──在19世紀的城市中是常見的大眾小吃。關於馬鈴薯是如何成為油炸食物的目前仍有爭議。法國流傳的故事是當路易·菲利普一世（在位時間1830～1848年）有天晚上錯過了晚餐時間，他的廚師科利內特（Collinet）將已經炸過的馬鈴薯丟進滾燙的脂肪中，結果它們膨脹起來，後來被命名為蓬鬆薯條（pommes soufflé）。但湯瑪斯·傑佛遜（Thomas Jefferson）一定早在之前就在巴黎看過這種食物，因為三十年前白宮就曾端出炸薯條。

　　炸薯條也在威廉·基欽納（William Kitchiner）的著作《廚師的神諭》（*Cook's Oracle*，暫譯，1817年）中出現。

> 將馬鈴薯切片或削片後拿去炸。將馬鈴薯削皮後切成約四分之一英吋厚，或者像削檸檬皮一樣繞圈削皮。然後將它們用乾淨的布擦乾，再用豬油或滴油（dripping）方式油炸。

　　而美國的傳說則是一位天賦異稟的廚師喬治·克魯姆（George Crum）被一位抱怨食物的客人給惹怒了，便端上一道沾鹽的去皮炸馬鈴薯。這位顧客並未將其視為羞辱，反而感到非常高興，他在紐約薩拉托加斯普林斯（Saratoga Springs）宣稱，「喬治·克魯姆·派斯克主廚是薯條的發明者，他從1882年持續經營餐廳到1890年。全國知名的和當地的食客都會在這裡用餐。」克魯姆大概不是薯條和酥炸馬鈴薯片的發明者，但他的確讓它廣為人知。

　　但很遺憾的是，克魯姆先生所遭受的挑戰不僅於此：1854年，杜西奶奶（Granny Ducie）在約克郡的西騎（West Riding）開張了第一家薯條店，而鄰近奧爾德姆（Oldham）的一塊招牌也宣稱首家炸魚薯條店於1860年就在此處營業了。而在1870年的蘇格蘭，一位比利時人愛德華·德·卡尼爾（Edward de Gernier）也因為他在丹地（Dundee）的綠色超市（Greenmarket）端上了第一道薯條而聲名大噪。

紫色的馬鈴薯花。在法國，饑荒盛行但每英畝馬鈴薯的產量高於小麥，這也讓農夫開始種植更多不同種類的作物以避免作物種植失敗。馬鈴薯在飽受戰爭蹂躪的法國中還有另一項優勢——它長在肉眼看不見的地底下，而會掠奪或摧毀其他種作物的軍隊就會錯過它。

## 馬鈴薯先驅

　　有個男人因率先理解了馬鈴薯的益處而得名，他的名字依然保留在法式料理中——安托萬・帕爾芒捷（Antoine-Augustin Parmentier）。除此之外，他也因為研究天花疫苗、甜菜根和製作麵包，以及其他食物化學而聞名，但馬鈴薯研究是他留給後世最主要的遺產。他曾在七年戰爭間擔任藥劑師並被俘虜、丟進普魯士大牢裡，而那裡的食物只有馬鈴薯，因為法國人視那為只有豬才會吃的東西。法國政府事實上曾在1748年以不實藉口下令禁止種植馬鈴薯，包括吃馬鈴薯會導致痲瘋病。帕爾芒捷被釋放後，他重拾營養學的研究，並在1773年以一分建議用馬鈴薯餐治療痢疾的論文獲獎。此前一年，在他的努力下，巴黎醫學院（Paris Faculty of

Medicine）宣布了馬鈴薯是可食用的食物，但即便如此，帕門蒂埃仍然失去了在榮譽軍人醫院（Les Invalides hospital）的工作，因為該醫院的所有者是一個宗教團體，他們譴責帕爾芒捷的反基督行為。

然而他並未灰心，開始了一系列的宣傳，以數道純使用馬鈴薯的特製晚餐招待賓客，包括班傑明・富蘭克林和發明氧氣和氫氣這兩個詞彙的化學家安東萬・拉瓦節（Antoine Lavoisier）在內。帕爾芒捷將馬鈴薯花的花束送到皇宮，路易十四則回贈他鄰近西巴黎塞納河畔訥伊（Neuilly）的薩布隆（Sablons）。他在那裡種植馬鈴薯，還請來武裝警衛，人們可能因此認為那些作物相當脆弱。但那些警衛其實都收到了可被賄賂的指示，讓當地人在夜晚進去偷些塊莖。如果這些作物值得一偷，那它們大概也值得食用。

1785年發生的饑荒讓法國北部的人相信馬鈴薯有食用的價值，到了1815年，馬鈴薯在法國已經是不可或缺的主流食物。當巴黎在1870～1871年遭到普魯士圍城，馬鈴薯已經被大量種植在杜樂麗宮（Tuileries）的所有花園裡。

在經典的法式料理中，只要名稱中有帕爾芒捷

（Parmentier），就代表這道料理中有馬鈴薯，雖然只有兩道完整的菜餚是以他的名字命名——馬鈴薯和韭菜泥製成的湯，加有培根、洋蔥、大蒜和新鮮香草。Parmentier湯是三分馬鈴薯加上一分韭蔥；parisienne湯是馬鈴薯和韭蔥各半；維希湯（vichysoisse）則是一分馬鈴薯配上三分韭蔥。這全都是細微但非常重要的差異。

　　農夫傾向於用種植地的名稱為馬鈴薯的品種命名，因此就有了愛達荷（Idaho）、阿第倫達克（Adirondack）及豐特奈貝勒（Belle de Fontenay）等名稱。也有幾種名稱來自市場小販的想像力，像韋瓦第這個名字就是因為它們四季都會生長，或愛德華國王是最古老的英國品種，為與1902年愛德華十三世的加冕呼應而更名。馬鈴薯料理通常都與城鎮密切相關，例如里昂馬鈴薯（lyonnaise，使用有切片洋蔥、奶油燉歐芹）；多菲內斯（dauphinoise，得名自多菲內省，用牛奶或奶油拌抄）、雪城（Syracus，得名自紐約礦工用來烤、煮馬鈴薯的鹽巴）

　　在愛爾蘭的馬鈴薯料理則有其他卓越的名字，包括愛爾蘭馬鈴薯煎餅（boxty也被稱為馬鈴薯鬆餅）；馬鈴薯菜

糊（colcannon，內含高麗菜）；嫩煮燉鍋（coddle，加入培根、香腸和洋蔥）。愛爾蘭燉菜跨越海峽後成為了蘭開夏火鍋（Lancashire hotpot）或在利物浦稱為斯高斯（scouse）。馬鈴薯菜糊有時會直接簡稱為「卡利」（cally），在蘇格蘭蓋爾語中是白色高麗菜的意思。其他馬鈴薯泥的分支包括布希（bruisy，搗碎）；潘迪（pandy，捶碎）；冠軍（champ可，使用青蔥取代高麗菜或羽衣甘藍，可能也會加入起司）。愛爾蘭馬鈴薯煎餅一半是使用剩餘的馬鈴薯泥，另外一半則使用新磨碎的生馬鈴薯。

普魯士的腓特烈大帝看見了馬鈴薯餵飽人民與降低麵包價格的潛力，但當他在1774年頒布下令種植馬鈴薯防範饑荒的命令，科沃布熱格（Kolberg）的回覆卻是：「這玩意兒一點香氣及滋味都沒有，連狗都不吃了，我們到底為什麼要種它們？」在俄羅斯，葉卡捷琳娜大帝（Catherine the Great）下令要她的臣民種植馬鈴薯，卻遭到忽視，直到1850年，在尼古拉一世的干預下才成功。

## 佃農與愛爾蘭白馬鈴薯

馬鈴薯為過度依賴穀物又可能因收成失敗而面臨饑荒的農民提供了大量好處，它所蘊含的營養也可以保護人們對抗常見疾病，例如壞血病、肺結核、麻疹和痢疾。不僅如此，馬鈴薯所具有的其他種營養素含量——維生素C、鉀和纖維素，也比當時能夠種植的任何作物都還要多。

即便馬鈴薯沒辦法包攬所有功勞，但引進馬鈴薯的最終成果仍相當可觀，包括出生率上升、人口激增。在1800年之前的英格蘭飲食高度以肉類、麵包、奶油和起司為主，蔬果類則不受重視。但在利物浦、伯明罕和曼徹斯特這類新興工業城市，空間和住房供應不足，街頭小吃——在火堆上烤的馬鈴薯或包在報紙中的炸魚薯條——就成了實際上的主食。在半個世紀內，到了1851年，英國人口翻了一倍，直達到1800萬。

愛爾蘭的人口也增加了一倍，但除了引進馬鈴薯之外，沒有其他顯著的發明或創新。馬鈴薯很適合種植在愛爾蘭的土地上，許多家庭也會種植馬鈴薯來自給自足。小孩也能在沒有機械幫助下種植並收穫馬鈴薯，並進行用小麥等穀物須

要的輾穀、脫穀和研磨的工法。愛爾蘭人就像印加人一樣熱烈歡迎馬鈴薯，也因此幾乎不種植其他作物。他們用牛奶和馬鈴薯就能做出一道營養充足的餐點，這也因而奠定了愛爾蘭的飲食基礎，到1840年，愛爾蘭已有四分之一的人口完全只以馬鈴薯度日。

　　有部分原因是因為愛爾蘭殘酷的佃農制度，在這個制度的影響下，大多數土地都歸新教的捐客所有，他們將農地細分成數個獨立區塊，每個普通的農民只能耕種十英畝。農民往往是貧窮的天主教徒，他們發現自己必須繳納的租金一年比一年高，農地也沒有保障，更沒有動力改善自己的生活品質。而這都是透過法律程序訂定的方式。租戶也就是佃農，通常都是在地主的其他土地上勞動以繳納租金。Conacre是一種出租土地的系統，它的運作方式是給與地主一定比例的馬鈴薯來支付租金。新教徒擁有北部地區的肥沃土地，南部則是人口稠密但貧瘠的峭壁和沼澤，這也為這個國家的政治奠定了基礎。他們的作物是愛爾蘭白馬鈴薯，是一種營養價值低且生長期較長的品種，也因此絕大多數最艱辛的時節就是七到八月的夏季。

　　1845年發生大饑荒，第一年就奪走了100萬條人命。馬鈴薯遭到真菌感染，在四十年內沒有任何殺真菌劑可以防治。許多城鎮因而荒廢，有將近150萬人搭船前往美國和新的土地。

　　稍後的19世紀，饑荒激發了園藝學家路德・柏爾本（Luther Burbank）去尋找更能抵抗疫病的品種，結果便是露莎波本馬鈴薯（Russet Burbank）與愛達荷馬鈴薯工業的出現。柏爾本以140美元的價格出售了他在這種馬鈴薯的股份，到了2002年，愛達荷馬鈴薯工業的年收入已達到七億美元。

原味配方

# 愛爾蘭馬鈴薯煎餅

有些食譜指出，英式高麗菜煎馬鈴薯（bubble and squeak）是使用燒烤的剩菜製成的—高麗菜和烤馬鈴薯加上胡蘿蔔或其他食材。但矛盾之處在於，這道菜的第一個公開食譜來自瑪麗亞・朗德爾（Maria Eliza Ketelby Rundell），其中完全沒有使用任何馬鈴薯。另一方面，我們有（較新的）薯餅，裡面可能包含了愛爾蘭冠軍跟起司。這道菜讓我們感受到愛爾蘭抒情民謠〈平底鍋〉（*The Skillet Pot*）的浪漫：

> 你是否曾經吃過馬鈴薯菜糊，用可愛的醃奶油做的？
> 蔬菜與青蔥的混合，如夢中畫。
> 你是否曾經在頂部挖個洞，來裝融化奶油？
> 母親也做過那美味的奶油？
> 是的，你有，你有，他有我也有。
> 越想越感傷，那些沒有煩惱的快樂日子。
> 而我們的母親都用那小小的平底鍋做馬鈴薯菜糊。

另一道愛爾蘭馬鈴薯煎餅也有自己的短詩：

> 烤盤上的馬鈴薯煎餅，平底鍋裡的馬鈴薯煎餅，如果你不能做馬鈴薯煎餅，
> 就永遠得不到男人的青睞。

1854年的都柏林大學雜誌上刊載了製作馬鈴薯煎餅的精確說明。將兩個生馬鈴薯磨碎並曬乾，將兩個煮熟的冷馬鈴薯，和一磅（約453公克）麵粉、一顆新鮮雞蛋的蛋黃、一塊奶油和一杯新鮮牛奶混合在一起，將整個馬鈴薯壓扁，然後用擀麵棍搗碎，製成五分之八英寸厚的薄餅，放在烤盤上烤。

# 第 6 章

# 當東方遇上西方

## 傳遍世界的奴隸菜餚

# 米和豆類的點點滴滴

　　米和豆類原本可能成為全世界航海家在卡拉維爾帆船上飛揚的旗幟，以及哥倫布大交換的菜餚。米與奴隸制息息相關、豆類則影響了人類歷史，一個來自東方、一個來自西方。作為一道菜餚，從中國到義大利，以及加勒比海和巴西，都能夠同時發現它們的蹤跡。

　　日本有紅豆飯——紅豆與米。米飯以紅豆水上色，就像南美洲的人使用黑豆水上色，好像這些地方的廚師都交換過心得一樣。另外如義大利豌豆飯、牙買加的米與豌豆、古巴的黑湯也是一樣。或是我們沿著奴隸航線、卡拉維爾航線一路往南，回到西非迦納，當地也有瓦切（waakye）這道豆子飯料理。

## 新鮮的和乾燥的

　　我們今日大部分所熟知的豆類都來自亞馬遜叢林，像

是紅花菜豆、四季豆或法國豆莢，它們全都有同一個最無聊的科學名稱，菜豆（Phaseoluis vulgaris，也就是普通的豆子），以區別更有趣的名字蠶豆。蠶豆從史前時代起就是地中海飲食的一部分。

黑豆、黑龜豆（turtle）、波洛蒂豆（borlotti）、蔓越莓豆（cranberry）、鞭毛豆（flageolet）、豌豆、紅刀豆（pink）、斑豆、扁豆和卡內利尼豆（cannellini beans）都原生於亞馬遜地區，雖然「豆」字已經裝滿了各種可能的意義而使它變得不太能解釋什麼──面對新世界的新作物時，農夫和廚師不想改變它們在舊世界的命名方式。如果深入研究，甚至會發現品種在語言學上的意義更有趣了──海軍豆（白腰豆）是一種烤豆，有時也被稱為大北方豆（Great Northern）、雨天豆（Rainy River）、羅伯特豆（Robust）、米歇爾豆（Michelite）和桑尼拉克豆（Sanilac）。

阿茲特克廚師知道，乾豆須浸泡過再煮透後才能安全食用。科學告訴我們它含有毒素植物血凝素（toxin phytohaemagglutinin），會造成嚴重嘔吐與腹瀉。

## 摩爾人的食物

　　米的傳播則經由另一個途徑。大概在西元前5000年從中國出發，一路到了波斯，或者甚至更早。西元前1000年傳入日本和韓國，但不同的是，在亞洲大陸上生長著各種不同的野草，所謂的水稻是在自然培育中出現的，接著向南到印尼、西至印度。西元前1000年它出現在波斯，但羅馬人似乎直到西元前325年亞歷山大大帝首次到中東時才認識到它。羅馬人雖然並未將水稻視為一種可耕作的作物，卻樂於劫掠或引進回國用以飼養牲口。儘管水稻在亞州傳播得非常迅速，但歐洲人卻猶豫不決。主要的貿易港口——希臘、土耳其、埃及——本來應該可以傳播相關的知識，但速度似乎太慢了，不過也有可能是因為在黑暗時代沒有能夠主導田地和耕作這種新作物的自由。隨著摩爾人將水稻帶進西班牙，歐洲人才首次接納水稻為主食。他們認為這是穆斯林的食物，也是非洲給歐洲的禮物。但水稻的傳播是漸進式的，這可能是因為農業上的障礙，或是出於自保。用稻田圍繞中世紀村莊看起來就像在對不懷好意的劫掠者送出「這裡有一個值得洗劫的村莊喔」的訊息——當時的義大利正是由數個脆弱的小

王國拼湊而成的。當稻米傳播到倫巴第，對許多商人來說，這成為了餵飽城鎮居民的商機，因此許多人湧入平原種植稻米。這並非是農民為了維持生計所發展的農業，而是一場有組織的帝國主義農業。法式奶凍（Blancmange）——早期的米布丁版本，出現在1700年左右的歐洲料理書中，並蔚為風行，不過它最可能是一道給國王、貴族和船長享用的菜餚。稻米並非一種普通農民能夠食用的作物，事實上，在今日的北歐也依然如此。稻米代表著勞力密集的農業型態，同時也不是農民在具有充分自由意志時會選擇種植的作物。另一方面，南歐的瓦倫西亞（Valencia）和波河河谷（Po valley）則因為封建制度下的奴隸制而能通行無阻地引進稻米。

不論阻礙為何，都並未阻止稻米透過西班牙和葡萄牙進入新世界。例如流傳最廣的，是從馬達加斯航行的船隻停靠在查爾斯頓（Charleston）的故事。在1694年，船長約翰・瑟伯（John Thurber）在遭遇暴風雨後停泊在查爾斯頓整頓維修，他在那裡遇到鎮上的一位名人——亨利・伍德沃德（Henry Woodward），他是這地區的首位英國移民。

為了感謝他，特伯給了伍德沃德一袋米，伍德沃德稍

# 一團豆子

　　不同的豆類在許多種食譜中是可以互相替代的，但有兩種豆子表現最優異，即便是以高標準來審視，它們都可以互相替代——斑豆和黑豆。

　　條紋、焦糖色的斑豆在拉丁美洲被稱為poroto frutilla（也就是草莓豆），在巴西被稱為carioca，這個詞也代表從里約熱內盧來的人。斑豆在北美洲的肉湯中很常見，也很常搗碎或回鍋炸，或作為墨西哥捲餅的內餡，以及在辣肉醬中的豆子。

　　較小的黑豆或黑龜豆則出現在不同的代表性料理中，例如肯瓊（Cajun）和克里奧爾（Creole）料理，以及整個中美洲。古巴的料理「摩爾人和基督徒（moros y cristianos，聖人和罪人，或照字面上的意思，摩爾人和基督徒）」、哥斯大黎加和尼加拉瓜的黑豆飯和委內瑞拉的豆子飯中，黑豆和烏龜豆都是關鍵材料。黑豆是巴西豆子燉肉的核心，其國寶級的燉豆、燉豬肉和燉牛肉不只能夠與整個中美洲連結在一起，甚至能夠橫越大西洋到葡萄牙與其殖民地如澳門、安哥拉、莫三比克和果阿。葡萄牙人會聲稱那些料理的始祖可以追溯到埃斯特雷馬杜拉（Estremadura）的周遭區域。

　　葡萄牙的豆子燉肉以黑豆與豬肉或牛肉燉煮而成。在葡萄牙的西北會用白豆代替黑豆；在東北則會添加腰豆與更多蔬菜，例如番茄、紅蘿蔔和高麗菜。它通常會配上米飯和香腸，傳統上會在同一口陶鍋中烹煮。巴西的豆子燉肉會使用黑豆（也會用白豆、斑豆和紅豆，但不會同時用）、醃豬肉和佐料（豬耳、豬腳，甚至豬尾）、培根、煙燻豬肋排、至少兩種的煙燻香腸和風乾牛肉或曬乾牛肉（牛柳或牛舌），也是在一口陶鍋中烹煮，而且永遠都會搭配白米或綠米。

　　在美國，黑豆的家族樹據說可追溯到緬因州的佩諾布斯科特部落（Penobscot tribe），他們會以坑烤豆子的方式焗豆，在洞中放入燒得滾燙的石頭，再用土掩埋。自從歐洲征服美洲後幾個世紀，這種煮食方式在伐木營地仍持續著豆子在這段過程中獨占了飲食的一大部分。

後便種下了第一批作物。這是一個美好的故事，但日期露了餡，因為我們知道稻米早在1609年就已經有在北美和加勒比地區種植了，之後也有在卡羅萊納種植。到了1690年左右，更擴散到密西西比州。

## 卡羅萊納小徑

墨西哥於1522年第一次接觸到亞洲米，而非洲米（又稱光稃稻Oryza glaberrima，亞洲稻則稱為 Oryza sativa，即水稻）則與農耕技術一起隨著奴隸船從獅子山的種稻區運來，並在17世紀的卡羅萊納州市場上獲得了相當好的賣價。通往卡羅萊納的路徑更能說明這件事。來自巴哈馬的開拓者和奴隸在此地開拓，並帶來了稻米。對富裕階層來說，奴隸加上稻米代表土地和財富。事實上從奴隸、稻米和土地上可以獲得三倍利潤，即便是現在，至少美國有部分的政治斷層線（political fault line）就是由稻米帶來的財富所導致。

稻米往南在加勒比海地區扎根，甚至遠到巴西。傳說稻米是夾雜在一名奴隸女孩的頭髮中抵達了南美洲，而莊園主人就讓奴隸將稻米種在田地的一角。稻米同時也擔任了餵飽

新市鎮人們的主食，還是具有經濟價值的出口貨物。里斯本
早在1498年就有進口稻米的紀錄，第二次在1506年，雖然這
想必是非洲米，畢竟瓦斯科・達伽馬（Vasco da Gama）那時
還沒發現通往印度的航線。但有其他的證據顯示，在葡萄牙
的航海探險——葡萄牙直到19世紀才開始種植稻米——以及
非洲西海岸和南美洲東部之間進行奴隸貿易前，稻米早已站
穩腳跟。

　　北方的南卡羅萊納州與獅子山的氣候差異不大，但沼澤
地的炎熱與溼氣代表著艱辛的勞動，因此就大量的稻米來養
活奴隸，然後又需要更多的奴隸來種植稻米。在18世紀初，
奴隸的數量比白人多兩倍，到了1740年，在南卡羅萊納州每
十人中就有九位是奴隸。有大量的證據表明，早期的白人莊
園主不太了解奴隸在做的事情。最初，他們想在廣闊平原上
用種植小麥的方式種植稻米，但葡萄牙、荷蘭、甚至是伊斯
蘭商人其實早就已經記錄下東亞農民的種植方式。似乎是西
非的奴隸知道處理沼澤水流的必要性，並引入沿海潮水進行
灌溉，才明顯改善了收成。

　　但這是件困難的工作。春天時，農地須要翻土與耕犁，

並用人力播種，接著引水灌溉直到穀物發芽。發芽後，農民會抽乾水讓稻米保持乾燥，等待三個星期再進行除草，並再一次引水進田地，這次水的高度會超過作物。幾天後排掉一半的水，這時作物就能獨立成長。接著再次除草，抽乾水，並重複犁田、除草、犁田、除草，再用乾淨的水沖洗田地。到了九月再收割、成綑與脫穀。在發明蒸汽動力之前，這些都是黑人的工作。

　　與玉米不同，稻米是人類飲食中主要的消耗品、飲食支柱。它的種植量僅次於玉米，一些數據顯示，稻米占全球消耗熱量的五分之一。由於稻米的加工過程中改變了其作為主食的性質，因此被視為補充營養的食物。糙米 —— 未經過精緻加工，營養價值較高，白米去除了麩皮和胚芽，也除去了當中錳、磷、鐵、維生素B3、B1和B6等營養素，不過保質期可以從六個月增長到十年。白米容易吸收，因此在歷史上常作為病人的食物，但它在一餐中真正的價值大多來自搭配的食物，例如豆子。

## 原味配方

# 黑豆與米飯（摩爾人和基督教徒*）

　　這道菜是西班牙的歷史，是白米、摩爾人與黑豆的戰爭歷史，但這道菜餚是古巴料理。重點在於如何用黑豆水將白米上色：

橄欖油　　　　　　　400公克罐裝黑豆

1顆中等大小的洋蔥　　1茶匙乾燥香草

1瓣大蒜，切碎　　　　200公克生的白米或糙米

1顆小青椒　　　　　　500毫升水

2顆中等大小的番茄　　1茶匙辣椒醬

　　在平底鍋中倒油並熱鍋，將洋蔥和大蒜去皮切丁後加入鍋中。去除青椒的種子並切丁，再倒入鍋中輕輕翻炒。將番茄切成四塊後加入鍋中煮五分鐘。再放入豆子、香草，最後是米飯。加水煮沸後蓋上鍋蓋悶煮。此時可邊翻攪並加入辣椒醬。25分鐘後關火，再悶10分鐘即可。

# 豆泥（FRIJOLES）

　　目前有紀錄的豆子有四萬種，全世界都已經知道豆筴的豐富營養素。在羅爾夫人的新料理書《家事手冊》（*A Manual of Housekeeping*，1902年，暫譯），莎拉・泰森・羅爾（Sarah Tyson Rorer）提供了墨西哥式豆泥的食譜：

清洗568公克的墨西哥斑豆並浸泡一小時；瀝水後倒入沸水慢火烹煮一小時，或直到豆子變得軟，但不要煮到爛；完成後瀝乾。將2茶匙的橄欖或羊脂放入長柄煎鍋或燉鍋中；熱鍋後，加入豆子並攪拌到它們變成棕色。

備好6根已煮軟的紅辣椒，用篩子壓扁；加入豆泥與調味鹽、1顆切碎的青椒和半品脫的高湯，以及濃縮燉過的番茄。蓋鍋並緩慢燉煮三十分鐘。豆子必須是乾的且完整而柔軟。

---

\* 編註：MOROS Y CRISTIANOS 為西班牙的節日，紀念摩爾人與基督徒之間在收復失地運動時期的戰爭。

# 第 7 章

# 火雞的長途慢跑

## 野生禽類如何成為移居者的大餐

# 從FIRKEE到感恩節

　　班傑明・富蘭克林在1784年時寫了封信給他女兒莎莉，開玩笑地談到白頭海雕不是一個適合新合眾國的國徽，火雞適合得多。他寫道，白頭海雕不僅懶惰，還會以其他生物的屍體為食，因此道德觀感不佳。相較之下，火雞「是更為令人敬重的鳥類，是美國真正的原住民……儘管有些虛榮和愚蠢，卻有勇氣、如果有穿著紅衣的英國衛隊擲彈兵進入牠的領地，牠會毫不猶豫攻擊」。

　　從科學觀點來說，要追尋火雞祖先必須回到中美洲，但這可能與現在我們所認知的火雞只有相當微弱的關聯。對阿茲特克人來說，火雞是養在房屋裡或附近的家畜，他們為了蛋與羽毛馴化火雞。火雞的羽毛不只能用以裝飾，也用來禦寒和填充寢具。成年火雞可以長出五千根左右的羽毛。火雞是欺騙之神特斯卡特利波卡（Tezcatlipoca）的化身，每逢一年一度的兩大宗教儀式時，街上都會用保存了好幾個月的火

雞蛋殼裝飾。阿茲特克市場上同時有著超過一千隻鳥。在這個時候，火雞還不是主要的食物來源。不像在北方納瓦霍人（Navajo）的聚居地，考古學家們從未在阿茲特克村莊遺址的垃圾堆中找到火雞骨頭。

　　從基因上來說，直到1100萬年前，火雞都還是雉科的一種，牠的起源地可追溯回猶加敦（Yucatan）、瓜地馬拉、北美洲和墨西哥。在野外，牠們是很強壯的飛行動物，飛行時速可達55英里，奔跑時速也可達20英里。在北美的森林有很多野生的火雞，牠在黑暗中的視力不佳，因此對殖民者而言非常容易獵捕。

　　西班牙人在1519年將火雞帶回歐洲，它們的體型在宴會上大受歡迎，當時也被人誤以為是非洲的珠雞（guinea fowl，又稱幾內亞雞）。珠雞由葡萄牙人帶到歐洲。火雞因為透過土耳其（Turkey）市場的商人引進英語世界，因此常被誤認為是來自土耳其的鳥。另一個語源學理論推測是因為納瓦霍語的firkee，也就是鳥的意思，這聽起來更合理。

　　哥倫布以為他發現的是印度，造成了許多語言上的混亂 —— 在法語中稱火雞為「幾內亞公雞（coq

d'Inde）」，在義大利語中為「Galle d'India」，在德語中則稱為「Indianische Henn」。而在印度本地，火雞被稱為「Peru」，哥倫布本人則以為他找到孔雀，並稱之為tuka。

曾與賽巴斯汀・卡伯特（Sebastian Cabot）一同出航的英國航海家威廉・史特里克蘭（William Strickland），被認為是將火雞帶到英格蘭的人。他確實在1521年帶著六隻鳥登陸布里斯托爾，在三十年內就靠著飼育火雞而獲頒皇家勳章，並累積了一筆不小的財富，這同時也是舊世界第一個有關火雞的描述。

火雞在1607年被送回維吉尼亞州的詹姆斯鎮（Jamestown），更在1620年搭上了朝聖先輩（Piligrims，普利茅斯殖民地的早期歐洲定居者）的船隻。

## 感恩節迷思

朝聖先輩（清教徒）在1621年普利茅斯殖民地的第一個感恩節時是否真的有吃火雞是個問題。愛德華・溫斯洛（Edward Winslow）在一封慶祝的信中僅提及廣義的鳥：

收成農作物後，總督派了四個人去獵鳥來慶祝收成。他們四人在一日內獵捕了許多野鳥，加上旁人的協助，幾乎足夠公司一週的所需。

接著寫到有九十名美洲原住民加入了隊伍，慶祝了超過三天，獵捕了五隻鹿加入宴會。

總督威廉‧布拉福德（William Bradford）記錄了許多野生火雞，但根據其他資料，這可能指的是其他種較小隻的鳥類，例如鵝或現今已滅絕的信鴿。

人類會先用水煮過再烤這些鳥類，接著將骨頭和碎骨與玉米一起煮成羹湯，製成粥。英國人也會將鱈魚和玉米煮成一道菜供來客享用。

首批的殖民者有種植蕪菁、胡蘿蔔、洋蔥、大蒜和南瓜，因此可以推論出這些食材有在宴會中出現。但他們沒有任何小麥或奶油，因此宴會上不會出現英格蘭的派。考古學家指出，他們可能會燻製魚肉。而其他在現今感恩節會出現的元素，如蔓越莓醬，則還未被當時歐洲殖民者發現。

現代的感恩節大餐基本上來自著名的莎拉‧約瑟夫‧海

爾（Sarah Josepha Hale），她向十四位美國總統請願設立一個公共節日，而這個點子最終被亞伯拉罕・林肯所同意，他認為這是一個治癒內戰傷痕的好點子。

海爾是一位老師，丈夫大衛在她三十四歲時去世，留下她與五名孩子。之後她開始寫作，而她晚年的作品之一就是童謠〈瑪莉有隻小綿羊〉（*Mary had a Little Lamb*）。在她的小說《北方森林》（*Northwood*，暫譯）則談論到奴隸制度和解放。本書中，她描繪了一場宴會，慶祝出海闖蕩的兒子駕駛著載滿了舊世界食物的船隻歸：

> 桌子上鋪著白色織錦緞，紋理能夠媲美最高級的出口品。紡紗、編織和染色則都是羅米莉夫人親手打理。這次宴會的目的是讓家人們聚在一起用餐，每個孩子都需要座位。對一個人來說，在感恩節的晚餐上被一大家子圍繞是種榮譽。餐桌上的食物足夠一個大家庭享用，每年這個時節，農夫會備妥充足的食物，每個人都為今年的豐收而自豪。
>
> 烤火雞是最重要的食物，會被放在桌子的最前端來

表示其高貴的地位。烤火雞塗抹了一層淡淡的奶油，散發出撲鼻的濃郁香味。桌尾放著牛後腰脊肉，兩側放著的豬腳和羊里脊肉像是堡壘，保護無數碗的肉汁和盤子裡的蔬菜。

接下來還描述桌上擺著鵝肉和小鴨，以及「在新英格蘭（Yankee land）上各種蛋奶凍與餡餅名稱與描述。但南瓜派是最有特色的」。

## 會說話的火雞

令人摸不清頭緒的火雞原生地只是故事的一部分。數年過去，火雞這個名稱已經衍生出一整個系譜的同義詞。火雞這個詞被用來嘲笑他人，一開始是懦夫的意思，隨著時間經過，它現在用以指涉戲劇中沒有達成預期的效果，成為了一句廣為人知的俗語，例如會說話的火雞（talking turkey）最初為牛仔以狡猾的方式欺騙了印第安人的笑話，以及與其相關的詞goobbledegook，乃由德州政治家莫里．馬弗里克（Maury Maverick）於1944年創出。

　　冷火雞肉（Cold turkey）則較為古老，是從會說話的火雞衍伸而來，意思是直截了當，直到1920年左右才開始指戒斷症狀。不過在1877年，英國諷刺雜誌《茱蒂》（*Judy*）連載了世界最早的連環漫畫之一《艾黎・斯洛柏》（*Ally Sloper*），這是一個插科打諢的故事，講的是一名房客在聖誕節時沒有被招待烤火雞，而是每餐都吃冷火雞，這讓他非常懊惱。

　　在蘇格蘭，火雞-公雞（turkey-cock）這個詞透過擬聲法轉換成可愛的bubblyjock，這可能是在聽到火雞咯咯的叫聲，或是字面上的意思——流鼻涕（bubble）——後，變成了用來形容人太過虛榮。

　　甚至還有一支以火雞為名的舞。火雞舞（the turkey trot）在當時是不太體面的舞蹈，於1895年首次出現，是較不色情的狐步舞（foxtrot）前身。對一個重禮節、保守的社會來說，火雞舞有太多臉頰貼臉頰這類非正式的舞蹈形式了。

## 手到「禽」來

　　對小農而言，火雞並不好飼養，在新世界，人們往往都

# 莎拉・約瑟夫・海爾的第一個感恩節

　　烤鵝肉在英格蘭和歐洲曾是節慶宴會上的菜餚，直到1843年查爾斯・狄更斯在《小氣財神》一書中提到悔過自新的守財奴送給鮑勃・克拉奇（Bob Cratchit）一隻火雞後，皇室便在1851年改用火雞。

　　但早在二十年前，令人尊敬的莎拉・約瑟夫・海爾出版了這分奠定現今幾乎所有感恩節大餐的食譜：

烤火雞佐蔓越莓醬
蕪菁
水煮雉雞佐芹菜醬
婆羅門參牡蠣煎餅
水煮火腿
冬南瓜
熱高麗菜捲
燉鵝肉
地瓜慕斯
南瓜慕斯
烘烤檸檬慕斯（舒芙蕾）

　　海爾擔任《Ladies' Magazine》的編輯後，該雜誌成為後來有影響力的《Godey's Lady's Book》，並出版過納撒尼爾・霍桑（Nathaniel Hawthorne）與小奧利弗・溫德爾・霍姆斯（Oliver Wendell Holmes）等作家的書籍——它所出版的食譜也成為了後世的參考。

以一群為單位飼養來飼養牠們。而在英格蘭，通常是將火雞養在東安格里亞（East Anglia）的穀物田中。在秋天時，火雞會南下前往倫敦 （因此出現了火雞跑的說法），人們會幫火雞套上鞋，以保護牠們的腳不被柏油燙傷。

對早期的殖民者而言，火雞是手到擒來的獵物。早在1626年，普利茅斯就已經設立了火雞的禁獵季。然而到了下個世紀，火雞被狩獵到瀕臨絕種，在超過十八個州徹底絕跡。在1793年四天的聖誕節假期中，就有超過2500隻火雞從諾里奇（Norwich）被載往倫敦。與普通乘客相比，牠「付出」更多，於是乘客被拒之門外，直到假期結束，人類才恢復正常營運。

火雞苦難的終結源自於一項幾乎不可能通過的環境法案。1937年，《皮特曼-羅伯遜法案》（*Pittman-Robertson Act*）不僅要求打獵要課稅，還必須合法持有執照。不過比起中槍，火雞更容易掉入陷阱。同個時期也發明了獵捕網，並於1951年首次在南卡羅來納州使用。這讓支持環境保育的人能夠抓住火雞，再把牠們送去比較安全的棲地。這不僅幫助整個北美洲的野生火雞族群回復數量，也比在農場裡復育更

有成效。今日估計，全美各州有超過七百萬隻野生火雞，除了阿拉斯加以外。沒想到一項偶然且無意的法案竟促成了環境保育。

　　野生火雞的肉是暗色且野味較重，而火雞產業則踏上了全然不同的方向，試圖培育出白肉火雞，儘管從基因上來說牠們都是相同種類的。為了感恩節大餐，美國每年飼養超過350萬隻火雞。在明尼蘇達州，一家發電廠於2007年開始使用火雞排泄物產生能源。按照美國的定義裡，傳統火雞（Heritage turkeys）必須要能夠自由繁衍，在宰殺時也必須超過三歲。牠們一隻可以賣到200美元。關於工廠化的養殖火雞，也許這個價錢無意間透露了比你想知道的還要更多的資訊。

### 原味配方

# 打碎骨頭：拉出野禽肉

在烤箱出現之前，人們都是用水煮的方式料理雞與火雞，或如同右圖——用拉的。萊斯莉小姐（Miss Leslie）於1857年出版的《新烹飪書》（*New Cookery Book*，暫譯）上指出用水煮出「較嫩嫩的野禽肉」後，還有許多步驟：

用叉子拉出所有的肉（先移除表皮），再用小斧頭敲碎所有骨頭，將敲碎的骨頭放進一個燉鍋中，並加入兩隻切割好的小腿與冷火腿、一小束荷蘭芹與甜墨角蘭，以及約946毫升的水。以小火慢煮到剩約473毫升就可以關火。在另一個燉鍋中準備好先前拉出的野禽肉，把從骨頭流出的液體倒在野禽肉上，放一塊新鮮奶油（大約是一顆小蛋的大小）並裹上麵粉，再加上一茶匙肉荳蔻殼粉和肉荳蔻粉。混合所有食材，將野禽肉放在肉汁中燉煮10分鐘後就可以熱騰騰的上桌了。

即便是在艱困的時期，聖誕大餐依然是很特別的。以下的回憶摘錄自朱莉婭・強森・費雪（Julia Johnson Fisher），來自馬薩諸塞州的她，記錄了在1864年喬治亞州生活的第一印象：

火雞裹著玉米麵包，我們的甜點是用水浸濕的玉米粉布丁，加入瓶裝的越橘梅（huckleberries）與豬油，用借來的糖漿與麵粉製成醬汁，成果非常棒。

# 第 8 章

# 小麥的革命

## 超越黑色風暴事件的科學

# 每天的麵包

今日現存小麥的祖先，直到現在都生長在土耳其與敘利亞邊境的卡拉加山（Karaca Dag）斜坡上。不太可能有人在那裡做出麵包，麵包的過程應該是一連串的嘗試與修正錯物——人們交叉培育各種植物，並研磨試吃。也許就只是有人想到可以將糊狀的粥跟小麥粒混合在一起，再加熱、烘焙。二粒小麥（emmer wheat）的基因足跡可追溯到將近西元前10000年。烘焙的痕跡在西元前8000年的黎凡特（Levant）或東地中海被發現，也就是歐洲人的東方日出之地。

發現到這些痕跡是件令人興奮的事，安托萬・帕爾芒捷於1853年出版的著作中寫道：

植物學家米肖（Michaux）發現了距離哈馬丹（Hamadan）有四天路程的波斯山上有小麥的原生種，由此可以推斷小麥起源於該國，或離波斯不

遠的亞洲地區。以前,人們會大量種植這種穀物,
在義大利、瑞士、阿爾薩斯(Alsace)、利穆贊
(Limousin)與皮卡第(Picardy)都能找到這個穀
物,人們會用斯佩爾特小麥、更大量的酵母菌,以
及最重要的是,加入一點鹽巴來製作麵包。做出來
的麵包是白色且蓬鬆可口,能保持數天濕潤。

對古歐洲和近東的人來說,小麥是用於製作粥而非麵
包。老加圖(Cato the Elder)在西元前160年寫下了這分「布
匿粥」(Punic porridge)的食譜:

將453公克的碎穀浸泡於水中,直到變軟。將碎穀倒
入乾淨的碗中,再加入約1.3公斤的新鮮起司(瑞可
達起司)、226公克的蜂蜜、一顆蛋,充分混合後倒
入一個新的鍋中。

小麥並非只生長於特定的區域。在西元前6500年,小
麥就因貿易抵達了希臘和賽普勒斯,也在同一時期傳播到印

度。它在埃及的地位特殊，羅馬的農業也以「光榮的」來形容它。

　　一千年後，小麥的足跡出現在德意志地區與西班牙。到了西元前3000年時，英格蘭與斯堪地那維亞也出現了小麥，不過它還需要再一千年的時間才會抵達中國。當時的技術只能製成將小麥低筋麵粉，因此僅能製作麵餅。首批具有足夠麩質而可製作發酵麵包的樣本出現在約莫西元前1350年的希臘塞薩洛尼基（Thessalonika）的一個小村落阿塞羅斯（Assiros）。

　　在語言學上，英語中的麵包跟德語的Brot與荷語的brood等有關，到了本世紀初，這兩種理論分道揚鑣了，它們都認為麵包的語源跟br-結構的詞有關——一個主張麵包來自釀造（brewing）與酵母（yeast）這兩個詞，而另一個則宣稱br-來自broken，就像領聖餐（breaking bread）一樣。麵包是飲食中的基礎元素，在世界各地最普遍的用途就是用來賺錢，麵團也是如此。而在其他語言中，「麵包」這個字則是生活必需品的簡寫。

## 氣候災難

　　當殖民者將小麥引進美洲，收割的技術與最早在黎凡特農場中使用的是相同技術。小麥有它自己的語言——以投撒的方式播種、用鐮刀收割、用連枷脫穀，最後再送到磨坊製成麵粉。直到1830年，須要四名男子與兩頭公牛每天工作十小時才能生產出200蒲式耳（9.5加侖）。

　　南北戰爭其實是一場小麥完勝棉花的戰爭。北方的小麥不只可以餵飽軍隊，還能與歐洲貿易。而南方的經濟依賴棉花，代表著只要遭到封鎖，所有的貿易都會被迫中止，而且棉花也不能拿來吃。

　　種植小麥對我們來說是理所當然的日常，但其實小麥是很嬌嫩的，因為它極度依賴氣候。距今不到一個世紀，人們才真正掌握了這項農業技術。在此之前，人們都相信，小麥必須生長在雨量充足的地區，或特定品種只能生長在特定地區，又或者是新鮮小麥必須種在休耕過的土地。

　　在美國，西部與大平原的開拓推動了科學的發展，直到一場劃時代的環境災難撼動了整個大陸。

　　因為大平原沒有充足的水源可供灌溉，歐洲殖民者將其視為不適合開墾的蠻荒之地，對他們而言如同沙漠。但在南北戰爭後，政府提供了160英畝的土地來吸引潛在農民。新的橫貫大陸鐵路則將更多人帶往大平原。

　　當時氣候學者之間蔚為流行的的理論是，開墾會帶來雨量，收割作物會帶來更多的降雨量。然而，雨量充沛就只是巧合而已。起初，開拓者們飼養了不少牛，牠們很快就吃光了所有草，所以這些新來的農民種下了更多的作物，尤其是小麥。為了鼓勵開墾，政府更將作為獎勵的土地增加至320英畝，如果前往內布拉斯加州開墾，更是多達640英畝。

　　很失禮的是，這個時期的種子圖鑑將新的小麥品種以美洲原住民部落的名稱來命名，例如波尼（Pawnee）、科曼奇（Comanche）、威奇托（Wichita）、凱旋（Triumph）、紅酋長（Red Chief）。

　　20世紀初又迎來了一次高降雨量，促使了更多開拓者前往西部。這次的拓墾有了機械化的犁田機與拖拉機，翻土的速度更加快速。同一時期，歐洲陷入大戰，俄羅斯因革命而動盪不安，世界的小麥價格急遽攀升。從1900年到1920年

間，西部用於耕作的土地面積翻了一倍，又過了十年，更是成長到兩倍。沒有任何人預期到環境的災難即將開始。

## 黑色風暴事件

　　過度放牧與深耕損害了連接表土與地殼的草，接下來的十年，降雨量銳減，土壤變得非常乾而易碎，甚至能夠飄揚至大氣中，形成巨大的沙塵暴。黑雲在草原上空盤旋，讓路上所有生物窒息。其中規模最大的沙塵暴發生在1934年5月9日，南達科他州吹起了橫跨大陸的強風，將沙塵一路吹到芝加哥，整座城市被1200萬磅的沙塵給籠罩。兩天後，沙塵暴到達紐約與華盛頓特區。隔年4月14日被稱為黑色星期日，當時從加拿大到德州的平原出現超過20場大風暴，將白天變成了黑夜。當時居住在沙塵暴地區的阿維斯‧卡爾森（Avis D. Carlson）在日記中寫道：「我們與塵土一起生活、進食、與它一同入眠，無力地看著它奪去我們的財產與致富的希望。」

　　這就像在美國中心撕開一塊地毯，但更糟的是，乾燥的土壤產生電流，吹過平原的風把牲口淹沒在沙塵中。總的來

說，估計有25萬人因風暴流離失所，人們只帶走了能塞上汽車的財產。許多人都認為這就是世界末日。

此時，小麥的故事出現在約翰·史坦貝克（John Steinbeck）的《憤怒的葡萄》（*The Grapes of Wrath*）、多蘿西·蘭格（Dorothea Lange）所拍攝的照片、伍迪·蓋瑟瑞（Woody Guthrie）的歌曲與貝克斯菲爾德（Bakersfield）的聲音中，更近期的是蒙福之子樂團（Mumford and Sons）的歌〈黑色風暴之舞〉（*Dust Bowl Dance*）。蓋瑟瑞於1940年錄製的專輯《黑色風暴民謠》（*Dust Bowl Ballads*）是他最暢銷的專輯，包括〈我在世界上沒有家了〉（*I Ain't Got No Home in the World Anymore*）與〈塵肺病憂鬱〉（*Dust Pneumonia Blues*）兩首歌。

儘管1930年代很糟，但第二次世界大戰讓小麥的價格再次飆升，1940年代又開始新一輪的循環。政府最終只得提供補助給農家，說服他們還田於自然。

## 小麥先驅

美國小麥農民在20世紀中葉的鬥爭中開始採取科學的方

法進行農業。科學家試圖追蹤生長於美洲大平原乾旱地區的小麥品種，從根源破解作物品種的祕密。

諾曼・布勞格（Norman Borlaug）在這方面取得了巨大的進步。他研究了來自日本具有顯著效益的草本類植物。這種植物柔軟而小株，強風難以對之造成損害，並且能將更多能量傳輸到種子而不會倒伏（倒下）。透過育種去除掉疾病，例如植物銹病，並於1953年在墨西哥開始研究，在十年內就使墨西哥的收成增加了六成。1961年，印度面臨了新一輪的飢荒於是邀請了布勞格來到印度。

將小麥從實驗室正式應用到農場並不是一件簡單的任務。1965年，他從墨西哥啟程，用35輛卡車裝載了18噸的小麥，途中遇到警察、邊境警衛、洛杉磯的瓦特暴亂與第三次印巴戰爭爆發。諷刺的是，戰爭讓印度政府得以干預貿易，並打破糧商的壟斷。在10年內，印度（與巴基斯坦，稍晚還有土耳其）在小麥供給上實現了自給自足。布勞格在1974年獲頒諾貝爾獎，後來被稱作綠色革命的工程師。

今日，印度是全世界第二大的小麥供給國，巴基斯坦則是第八。

　　自然變異改造了作物，滿足了數百萬人每天的基本飲食。不久後，因為這些觀念涉及到單一作物的建立和基因改造工程的早期步驟，因而變得很具爭議性。從日本到墨西哥與印度，再回到小麥的老家土耳其，這套技術已然擴展到全世界。

原味配方

# 第一道通心粉與起司

　　麵包只是小麥的一種型態，另一種幾乎與麵包的歷史一樣古老的則是義大利麵。通心粉跟起司會讓人誤以為是近現代的發明，但事實上，通心粉可以從語言學上追溯到古希臘在喪禮上提供的大麥湯——makaria。義大利人則認為通心粉是一道因為那布勒斯侵略希臘獲勝而出現的料理。它也在羅馬文獻中被提及，以各種形式出現在第一本料理文獻中。最古老的中世紀食譜《Liber de Coquina》與《Forme of Cury》都被廚師在1390年編成卷軸送給理查二世。他們將其稱為通心粉（macrows）：

> 製作一層薄薄的麵團，並將其揉成通心狀，然後倒入沸水中，再撈起瀝乾。把起司磨碎撒上，再淋上奶油，即可上桌。

　　萬·休柏特（One Hugh Plat）在1607年的文獻中提及，他為法蘭西斯·德瑞克（Francis Drake）與約翰·霍金斯（John Hawkins）供給海上航行所需的通心粉。

　　湯瑪斯·傑佛遜與其廚師詹姆斯·海明斯（James Hemings）在巴黎相遇，湯瑪斯記下食譜，讓他能夠在家鄉蒙蒂塞洛（Monticello）重現這道菜。1802年，他在國宴上以通心粉派的方式呈現，而這道菜單純只用麵粉和水製作，每天早上都在廚房現烤出爐。

　　1838 年，瑪麗·蘭多夫（Mary Randolph）用玉米粥代替了通心粉，製作出一種有意思的全新美式通心粉和奶酪：

> 將一大勺奶油放入0.95升的水中，在碗中用冷水弄濕玉米粉，加入少許鹽，攪拌至滑順，然後放入有奶油的熱水中，沸騰後攪拌到熟透。接著做成球狀後放涼，再切成薄片，把它們放在一個深盤子的底部並放上起司片和一些奶油，蓋住它。接著放上玉米粉、起司和奶油，直到滿出。上面放上薄薄的起司和奶油，把它放進快速烤箱，只要二十到三十分鐘就可以上菜了。

# 第 9 章

# 尋找香料

## 辣椒、大蒜和香草

# 辣椒：地獄硫磺

辣椒可能是墨西哥贈予這個世界最好的禮物。考古證據顯示，至少在西元前8000年，中美洲的人就已經在食用辣椒，在邏輯上也相當有可能被阿茲特克帝國種植於花園裡，以防害蟲。

從品嘗美食的角度來說，辣椒大概是全世界最成功的香料。世界各地都有辣椒的蹤跡，在不同文化與不同飲食脈絡下適應性都極佳，也成為各種不同風格飲食的標誌。但在哥倫布抵達美洲之前，其他大陸並不知曉它的存在。在德州是一碗紅、在匈牙利是燉牛肉和紅椒粉、在泰國是辣椒膏和青木瓜沙拉、在印度則是咖哩。在印度，因為有原生黑胡椒的陪襯，辣椒入菜的門檻相當低，而原生黑胡椒至少在西元前2000年就已經融入亞洲的飲食中，同時在羅馬的料理中也非常常見。「咖哩」這個詞是從泰米爾語（Tamil）代表醬汁的字kari衍生而來的，商人將咖哩粉稱為kari podi。辣椒在義大

利料理中，以煙花女義大利麵和香辣茄醬義大利麵著稱，而在墨西哥是莫利醬，在馬來西亞則是參巴醬。所有食材中，只有辣椒可以在這麼多種不同的料理中具有指標性，或在如此繁多的料理方式中影響這麼深遠。

辣椒熱能帶來的多樣性就跟任何地區方言的口音和特色一樣多。熱能來自辣椒素，它告訴大腦我們吃下了一些熱的東西，從而釋放內啡肽，使我們出汗和心跳加速，也具有將人體能量轉化為熱能的作用。 這些辣椒素是植物的防禦機制。不像哺乳動物，鳥類對熱能並不敏感，因此種子可以從空中傳播到南美洲與墨西哥，並在這些地區首先被馴化，再由西班牙人進一步發展用途。

關於哪種辣椒最辣的競爭很是激烈。我們通常以 SHU（史高維爾指標 ，Scoville Heat Unit）方式測量熱能，即測量在水中每次可以檢測到多少程度的辣椒素。在這種檢測方式下，哈瓦那辣椒及其子品種處於辣度的最頂層。現在的技術已經能夠培育出極辣的品種，人們不僅無法食用，甚至可用於製造武器。

辣椒在一般的英式英文中拼寫為chilli，這個詞來源自

哥倫布於加勒比海地區發現了它,而當地人稱其為辣胡椒(pepper chilli)。哥倫布之所以稱它是胡椒,是因為它類似於昂貴而稀少的花椒(peppercorns)。在西班牙文中,辣椒則被稱為chile,這與智利(Chile)一點關係都沒有(這又是另一個語源學的謎團),而辣椒在智利被稱為aji,時至今日,這個詞仍在南美洲廣為使用。更令人困惑的是,chile也有莓果或是紅或綠辣椒醬的意思,但chili又可以是chili con carne的縮寫,意思是有肉的料理。

## 辣椒皇后

葡萄牙人將辣椒帶到了亞洲,於此同時,它也被西班牙人帶到了菲律賓。起初對歐洲人來說,辣椒只是一個花園裡的裝飾品,一個從新世界帶回的漂亮戰利品。就像其他食物一樣,西班牙牧師並不信任從未在《聖經》裡出現的東西,不論是因辣椒的灼熱引起的飲食衝擊或宗教狂熱,現存的文獻都將辣椒比作魔鬼之湯與地獄硫磺。窮人率先食用辣椒,它漸漸的變成一種辛香料它不專屬於權貴階級,同時也讓無新意或難吃的料理多一種可以添加的素材。

　　1731年，西班牙的菲利普五世下令十六個家族，總共五十六個人從加那利群島出航，阻止法國從路易斯安那州向西擴張。他們抵達了聖費爾南多村〔San Fernando de Béxar，也就是現今的聖安東尼奧（San Antonio）〕。婦女們帶來了一道西班牙辣燉菜，後來這道菜成為統治者的象徵。眾多的辣椒傳奇都圍繞著聖安東尼奧而展開。辣椒皇后會在天黑後的市場出現，一分錢就能買到一碗辣椒和一個玉米餅，原本這種搭配是軍人的食物，後來慢慢演變成大眾小吃。直到1937 年，衛生署的官員將這些攤販轉移到餐館和咖啡館裡。據說聖安東尼奧的辣椒皇后可以高談從愛到法律的任何話題，為了紀念他們，直到現在仍然有年度遊行。

　　這些第一道料理大概都是用平底陶鍋烹煮，這樣才能燉大塊的牛肉跟豬肉，並加入洋蔥跟大蒜，再加入水和多種不同的研磨辣椒——墨西哥波布拉諾辣椒（ancho）、索蘭諾火腿（Serrano）與其他的配料——最後再燉煮個幾小時。牛仔將這道料理推而廣之，營地廚師則用手頭上的任何肉類，包括水牛，甚至是響尾蛇來仿做這道菜。

## 德州辣椒經銷商

1860年代，辣椒料理是德州監獄的牢飯，以至於民間都在評比哪間監獄有最好吃的辣椒料理，曾有囚犯出獄後還寫信詢問辣椒料理的食譜。牛仔會將肉乾與辣椒搗碎後混合做成辣椒磚，在旅途中食用。馬車隨隊廚師則會在牧豆仙人掌旁種辣椒，以在返家途中的料理中增添香氣。

德州的表演者可說是在任何廣告或商品出現前就把辣椒發揚光大了。其中一位是德裔移民威廉・格布哈特（William Gebhardt），他在聖安東尼奧市外的新布朗費爾斯（New Braunfels）經營一座名為鳳凰沙龍（Phoenix Saloon）的啤酒園。儘管他的啤酒園須要搖鈴呼叫服務，但仍是全德州第一間女性能夠自在飲酒的地方。啤酒園最有特色之處在於，它有一座動物展示園，裡面包括有短吻鱷與獾，用以演示動物搏鬥。此外，也有一隻鸚鵡，牠會以德文詢問來訪者：「你付錢了沒？」威廉稍後對辣椒產生興趣。他的廚藝很受歡迎，為了滿足需求，他開始進口墨西哥辣椒，接著開始經營辣椒產業，隨後發現了如何乾燥辣椒的方法，並將其與大蒜、孜然與奧勒岡混合成香料粉，這個產品至今仍熱銷。

　　另一個從那個時期流傳下來的德州品牌是萊曼・T・戴維斯（Lyman T. Davis）的狼牌辣椒（Wolf Brand Chilli），這是以他的寵物狼凱撒命名。當他發現牧場坐落於一座油井上，就賣了牧場，但新主人將福特T型車改造成罐狀，背面設有一個籠子，每個籠子都可以裝運一隻活狼。該品牌時至今日仍在營運中，但那些狼可能都已經退休了。1977年時，製造商說服德州立法機關將一碗紅奉為德州代表料理。

## 世界各地的辣椒

　　在其他國家，料理辣椒的方式千差萬別，匈牙利人有可能是從鄂圖曼人或波斯人那裡交易辣椒。燉牛肉（Gulyás，意為牛仔或牧民，衍生出燉牛肉這個詞）是將牛肉、洋蔥和胡椒放在大鍋中烹煮〔這個大鍋被稱為bogracs（金屬製的大鍋）〕，並加入切碎或磨碎的紅辣椒。在這道菜餚中還有牛肉——唯一使用的肉類——與馬鈴薯。身為遊牧民族的匈牙利人，將這道菜傳播到中歐。紅辣椒（paprika）這個詞相對來說較為現代，首次於1896年提及，可能是演變自拉丁語piper。

　　紅椒醬（ajvar，一種可塗抹的調味醬）在更南方的塞爾維亞文化中以另一種形式傳播開來，被稱為塞爾維亞魚子醬。製作紅椒醬是一個村落或群體共同的活動。人們會先採集秋天的胡椒和茄子，用柴火烤過去皮，接著把它們煮熟，就能裝罐保存過冬。

　　西班牙與東歐的紅椒粉截然不同。西班牙的紅椒種植地在與葡萄牙接壤的埃斯特雷馬杜拉（Extremadura）地區，據說哥倫布曾將此處的紅椒提供給西班牙國王費迪南與伊莎貝拉皇后。紅椒幾乎成為西班牙料理的代表色，就像國旗的顏色一樣。人們會將紅椒撒在辣味番茄醬拌馬鈴薯上，塞進橄欖與西班牙香腸（chorizo）。這道菜很受北方的巴斯克（Basques）水手歡迎。對他們來說，紅椒成為了民族的象徵，他們會延著街道懸掛紅辣椒進行乾燥。最一開始可能是為了增添香腸的風味，但後來它也被加入到醬汁中、切成薄片妝點料理，這同時也是烹煮西班牙國菜香煎鱈魚的關鍵，另外要加上胡椒、洋蔥與番茄一起拌炒出汁，這道菜在整個地中海區域都有著不同的樣貌。紅椒有時甚至是鹽與胡椒的替代調味品。

# 調味之地

　　眾多組成調味醬的材料其實都是現代社會的戰利品，它們是新、舊世界融合的象徵。要想知道調味醬最初在中美洲的料理中到底是由什麼組成的，我們必須先排除一些香料。沒有杏仁、香菜、丁香、芝麻、肉桂、大蒜，這些全都是隨著西班牙與葡萄牙人到來的香料，甚至連糖也沒有。當時的調味醬與其說是一種食譜，不如說是一種技巧，在墨西哥地區有多種不同的形式。最有名的就是在普埃布拉（Puebla）製造的微紅波布拉諾（reddish poblano），時至今日，加入了巧克力與玉米餅。調味醬在不同地區有許多種顏色，特別是瓦哈卡州，有著「七種調味醬」之稱，也有許多種相似的料理，如remole、texmol，以及加入了南瓜籽的pipian mole。

　　莫拉醬是由西班牙人的那瓦特語molli演變而來的詞，也就是混合的意思。它來自一個奇特的傳聞，據說某天主教突然來訪，普埃布拉聖羅莎修道院的修女感到非常驚喜，就將他們廚房中的所有食材全部丟進鍋中，以阿茲特克風格烹煮，並配上一隻火雞以示敬意。「我們就只是把食材全部混在一起」，可能是這樣。

　　若烹煮得宜或以傳統工法烹煮，在研磨機尚未發明前用杵、研缽磨碎或用刀背壓扁，並將每種辣椒分開煮，調味醬的製作工序就會花上一整天的時間。使用的辣椒通常是mulato、安丘辣椒與帕西拉辣椒，有時也會有奇波雷辣椒（chipotle）。要先切開辣椒，取出種子，煎鍋的高溫裡煎二十秒，再烤辣椒籽。最初的調味醬可能使用的是辣椒乾，而非新鮮辣椒。

　　接著，需要一些酸酸的食物，例如綠番茄或水果乾，或是葡萄乾、藍莓乾，甚至是木瓜乾或芭蕉乾。最初可能也有巧克力豆，然而在現代文本中我們只知道它是一種飲料。另外，基本上也可以肯定有豆子，以及一些乾豆或玉米餅。

　　混合香料並與肉類搭配醃製再抹上油，被視為是一種中美洲料理技巧。在當時的歐洲烹飪文本中並未發現壓碎、起泡、黏合與混合的料理技法。

　　不管在何處都很容易種植辣椒，也很難找到其他如同辣椒一般能夠在料理中扮演這麼多種角色的食材。

　　葡萄牙人把辣椒帶到（Goa）殖民地果亞種植，製作出全世界最辣的咖哩──溫達盧（vindaloo）。這是葡萄牙古老料理的變化版，源自於葡萄牙一道將肉浸泡在葡萄酒中的菜餚。果亞的方濟會修士沒有葡萄酒，便以棕櫚醋、羅忘子（酸豆）、黑胡椒、荳蔻與肉桂替代。隨著辣椒的出現，以及對辣情有獨鍾的英國人到來，這道菜從vinha d'alhos（意指用大蒜和葡萄酒醃製的肉）進化成溫達盧咖哩，最初會加入豬肉，現代版本通常改用燉雞肉或牛肉，已與原版相去甚遠。在印尼，娘惹風味的沾醬會加入青蔥、紅椒、薑黃、堅果和少許的水，調和成蔬菜沙拉醬。這與德州的辣椒皇后及義大利咖哩幾乎一樣。但這些廚師根本沒上同一所學校。

　　在泰國東部，廚師採取完全相反的策略，與其讓辣椒成為咖哩的背景，不如最大程度活用它。泰國的辣椒醬（nam prik）是一種研磨的香料，是辣椒、青蔥、萊姆汁與蝦醬或魚露的混合物，會單獨放在一個碟子中，或是做為椰奶咖哩的基底，有時還會加入一些當地的食材，例如薑、大蒜和香

茅。另一種被認為來自柬埔寨,並流行於東南亞的辣椒料理是涼拌青木瓜,意思是「搗碎的酸醬」。這道料理混合了五種主要材料——棕櫚糖、萊姆、辣椒、魚露——搗碎後倒在未成熟的青木瓜上,如果是熟成的黃木瓜,就沒了這層風味。

　　在中國,如果沒有了辣椒,四川料理就是四川料理了。四川料理中幾乎強制必備的調味品是紅油,也就是辣椒油。一瓶辣椒油大約有32根乾辣椒與八角、大蒜、荳蔻、丁香、月桂、薑、花椒、大豆和兩杯玉米油。四川也有自己獨特的辣椒醬——豆瓣醬,用發酵蠶豆、大豆、鹽巴、米、辣椒製成。其他地區也有類似但只使用大豆發酵的沾醬。

原味配方

# 辣椒醬

雖然全世界都有各式各樣的辣椒料理，但大部分辣椒料理都還是使用新鮮、當季的辣椒。今日五花八門的辣椒醬起源則是在另一個意想不到的領域獲得進展。乾辣椒硬得難以煮透，直到磨粉技術出現後才能用於料理。匈牙利人最先將紅辣椒磨成粉，然後辣椒粉便與德裔移民一起來到德州。

在此之前，辣醬基本是把煮沸的醋倒在各種大蒜、青蔥和辣椒上，在亞洲則是倒在芒果、糖、葡萄乾、辣椒和薑上。

克朗凱夫人於1885年的一分食譜中建議加入切碎的1公升成熟番茄、六顆洋蔥和六根辣椒：

加入946毫升的醋、三湯匙的紅糖、兩湯匙鹽、丁香粉、肉桂粉、薑粉、五香粉與肉豆蔻粉後煮一小時，接著過濾，有些人認為它的味道很像伍斯特醬。

維多利亞時代的辣醬基本上只是將乾燥的香料和水果乾泡在醋裡。伊麗莎・阿克頓（Eliza Acton）提供了非常有印度風味的印度甜酸醬（Chetney）做法，即使用野山楂、與其他當季材料與100克的糖、薑粉與辣椒粉各56克：

將它們攪拌直到完全混合，慢慢倒入足夠的醋，使醬汁變成奶油般濃稠。把醬汁和28克大蒜一起裝進瓶子裡，加入丁香後，用軟木塞塞緊。

# 大蒜：巫婆的凝視

　　辣椒是一種極具象徵性的食材，又因其品種繁多而在料理中扮演許多不同的角色，而大蒜則更是一種在不知不覺中起作用、不可思議，通常也更有驚人影響力的食材。

　　古埃及人與中國人就已經知道大蒜的用途。古希臘人在上戰場前會先吃大蒜，作為激發陽剛氣質的強效刺激物。大蒜發源於中亞，大約在現在的伊朗。鐮刀狀的大蒜就是沿著絲綢之路從中國天山來到黑海這塊區域。因為大蒜可以在多種土壤上種植，它的價格也從來未曾攀升至與其他香料的比肩。大蒜的最大用途是作為調味料與醫療用。在第二次世界大戰期間，大蒜被用來抑制傷口感染。另外，根據一些迷信，大蒜掛在馬上就能避開惡靈之眼或巫婆的凝視。

　　如同所有具刺激性的難聞臭味植物一樣，大蒜與藥劑師間的關聯性也很緊密。在不同時期，大蒜都被用於防治天花、痲瘋病、瘟疫，還有吸血鬼。義大利南方的薩萊諾

（Salerno）醫學院創立於19世紀。1602年，約翰・哈林頓爵士
（Sir John Harrington）從他們的檔案中翻譯了以下這首詩：

既然大蒜可以挽回死亡，

那就戴著它，忍受臭味：

不要輕蔑大蒜，別像某些人那樣

以為大蒜只會使人眨眼、酗酒、發臭。

大蒜與瘟疫的連結因寓言故事《四賊醋》（*Four Thieves Vinegar*）的故事而被強化，《四賊醋》的故事來自法國馬賽1712年發生的一場瘟疫。竊賊們利用醋來對抗瘟疫，以此劫掠亡者。瑪麗・蘭多夫在她的著作《維吉尼亞家庭主婦》中建議將薰衣草、迷迭香、鼠尾草、艾草、芸香和薄荷浸泡於高濃度的醋中，並曝曬兩個星期，接著再與一瓣蒜頭一起過濾、裝瓶。這項建議並不適用於防治瘟疫，但可用來「清淨房間的空氣、驅趕家中的病氣，尤其在潮濕的天氣裡灑在屋子周圍更具奇效」。

　　中世紀的食譜通常會建議烤鵝要配大蒜，但英國和美國

卻花了相當長時間才迎頭趕上，與其他國家相比可說是相當緩慢。比頓夫人認為大蒜的味道「過於刺激」，使它變成了某種鄉村的東西，某種屬於鄉村和農民的食物，因此未曾出現在城市與宴會桌席上。

維多利亞時期的作家約翰‧羅斯金（John Ruskin）將大蒜稱為「階級障礙」，仕紳階級不吃，是只有工人階級食用的食物。它也被認定為是醫用作物，而它在伍斯特醬中的作用是健康補品，而非用於料理調味。

## 探險者的足跡

美國與加拿大一直都有受到種族主義的影響，他們來自南歐的新移民聞起來有大蒜味，而清教徒在20世紀之初時就從來沒有碰過大蒜，因此盎格魯撒克遜人從未吃過大蒜。這種思想其實並不新穎，羅馬人似乎也有類似的想法。羅馬人不會吃大蒜，尤其出身高貴的人從來都不會吃到。順帶一提，消除大蒜口臭的方式是吃蘋果，因為多酚可以分解有臭味的硫化合物。

大蒜也出現在許多民間故事裡，據說它可以驅走妖精、

趕走霉氣、嚇阻惡靈、對抗活死人，這些都是很無知、迷信、不科學、非盎格魯撒克遜的。巴爾幹地區有相反的民間傳言，斯拉夫傳說告訴我們，如果有人不吃大蒜，那他可能就是吸血鬼或狼人。南歐和東歐地區的人普遍都愛吃大蒜，使得大蒜捲入了一場宗教意識形態的鬥爭——天主教徒吃大蒜，清教徒不吃，因為他們將大蒜視為慾望的火種。其他宗教也對大蒜持謹慎態度。佛教、耆那教、印度教都對大蒜和洋蔥有程度不一的禁忌，因為它們都會引起發炎反應。日本人對大蒜也與這些宗教持相同態度。相較之下，大蒜在天主教國家的飲食文化中卻是根深蒂固的。

法國皇家庭園在西元800年時種植了大蒜、洋蔥、韭菜與細香蔥，文本《市政廳首長》（*Capitulare de Villis*，暫譯）中證實了這是由查理曼大帝所下達的指令。而在西班牙，我們也可以發現用大蒜、洋蔥、胡椒和番茄製成的西班牙番茄醬（sofrito）的食譜。義大利文是soffritto，意思是炸過的；而葡萄牙文是refogado，意思則是燉過的。

探險者的足跡以不同組合的形式存在，但基本上是相同的烹飪技巧與食材混合。雖然許多人對路易斯安那克里奧爾

的神聖三位一體（the holy trinity of Louisiana Creole）——
洋蔥、芹菜、胡椒——料理中是否有大蒜仍有爭議。在墨西
哥，豆泥一開始就是用洋蔥和大蒜混合製成，後來才開始利
用白豆、辣椒和香菜。在菲律賓則是以大蒜、洋蔥、番茄的
形式呈現，稱為ginisa。

　　亞州菜餚中也用相似的方式料理大蒜，只是組合不同而
已。在泰國料理中，主要是將大蒜與辣椒、薑或南薑、香茅
混合，用研缽搗磨成糊狀，並以調味椰奶製作為咖哩或米飯
調味醬的基底。在中國，則是大蒜配上豆瓣醬、醬油、醋、
糖、麻油、薑與蔥。對中國人來說，大蒜自古以來就是醫用
材料。而印度最具代表性的咖哩，也是以大蒜配著薑和洋蔥
為基底的。

　　儘管在亞州和南美料理中大蒜蔚為流行，西方料理接納
大蒜的步調卻相當緩慢。珍‧葛里森（Jane Grigson）於1977
年出版的《蔬菜烹飪》（Vegetable Cookery，暫譯）共包含了
35頁的食材和食譜索引，共有約6300個條目，大蒜只被提及
了5次。直到最近才在受人景仰的的書籍中出現。

　　二次大戰後，大蒜才在英國和美國的廚房裡逐漸成為改

善飲食和廚藝進步的象徵，也是戰後新廚房的代表。大部分大蒜都來自中國。世界上有80%的大蒜都出產自中國，許多人都擔憂他們在種植的過程中使用了多少殺蟲劑，以及球莖是否生長在糞便中。若購買的大蒜沒有根，就有很高機率是來自於中國。

　　雖然盎格魯撒克遜藥劑師都對大蒜治療腸胃道疾病、子宮問題的效果深信不疑，科學卻尚未證實這些 —— 事實上，所有關於大蒜的醫療效用都尚未獲得證實 —— 益處。而網路博士充滿了各種替代的治療方案。

原味配方

# 四十瓣大蒜雞

　　在普羅旺斯的農場裡，這道菜散發出夏末的氣味。詹姆斯‧比爾德（James Beard）與理查德‧奧爾尼（Richard Olney）藉由推廣這道菜在1970年代美國的料理界中顛覆了人們對大蒜的偏見。這是一鍋在與朋友聚會時可以端上餐桌的燉菜，當鍋蓋掀起，整個房間就會如火山爆發般充滿芬芳的誘人香氣。

　　四十瓣大蒜聽起來很多，但會融入油、酒和雞汁中，並包裹新鮮麵包或油炸麵包塊，這是香蒜麵包丁的前身。最好是用新鮮的蒜頭，配上一分鮮美的蔬菜沙拉，另可選擇是否要加入菊苣，形成酸苦滋味的對比。

　　以下食譜來自吉恩-諾爾‧埃斯庫代爾（Jean-Noel Escudier），在1953年出版於《普羅旺斯和尼斯真正的美食》（*La Veritable Cuisine de Provence et Nicoise*，暫譯），由出版商土倫（Toulon）〔其真名為魯吉‧雷布斯托克（Rougie Rebstock）〕集結當地美食的食譜成冊。

取大小合適的雞胸、雞腿、大腿和雞翅（可以用全雞，但即便將骨頭取出，烹飪的難度也比較高）。在雞肉上淋油，開火燉雞的同時拍碎蒜頭後加入鍋中。用一杯橄欖油和一杯白葡萄或玫瑰葡萄酒洗鍋收汁，加入一湯匙混合乾香草，待鍋中水分變濃稠後蓋上鍋蓋。用中型烤箱烤50分鐘，好了後配上一些烤麵包，立即上桌。

# 香草：白花的祕密

香草是柯泰斯（Cortes）在墨西哥發現的原生扁葉蘭花，此後他便對香草感到著迷。柯泰斯將香草與可可豆帶回歐洲，但它們只能透過墨西哥原生的梅利波納蜂授粉，這件事在1837年被比利時的植物學家查爾斯‧弗朗索瓦‧安托萬‧莫倫（Charles François Antoine Morren）記錄下來。香草是在繁衍上是相當羞澀的植物，每株香草的雌蕊只會盛開24小時。因此香草在國際市場上的價格居高不下，只比番紅花的價格稍微低一些。香草在老式調味料中找到了一條進入歐洲廚房的捷徑。番紅花則是在舊世界被發現，埃及豔后克麗奧佩脫拉曾用番紅花來讓沐浴乳變色，而羅馬詩人奧維德（Ovid）也在《變形記》中如此描寫：

番紅花和菝葜可以變成花，
庫瑞忒斯（Curetes）從豐富的表演中湧現

我略過一百個陳腔濫調的傳說，

以甜美的新奇來取悅你。

## 培育香草

　　有個關於12歲孤兒奴隸埃德蒙・阿爾比烏斯（Edmund Albius）研究如何使用竹枝為花朵進行人工授粉的傳說故事。不過這個故事似乎每轉述一次就變得越來越難以置信，莫倫早在墨西哥透過觀察蜜蜂授粉蘭花就發現了這個技術。另一個更有浪漫色彩的傳說是托托納克（Totonac）神話，講的是一名父親如何禁止女兒嫁給凡人，但這對愛侶不顧一切私奔，卻在林中被殺手抓住並遭斬首。他們的血噴濺在林中，長出了香草藤。當托托納克被阿茲特克人征服，他們獻上的供品便是香草。

　　直到19世紀中葉，墨西哥都還是全世界唯一生產香草的地方。而歐洲人對香草的好奇則是無止境的。19世紀晚期，第一株在歐洲成功開花的蘭花位於倫敦。這株蘭花是由查爾斯・格萊威（Charles Greville）所栽植，稍後也被送到荷蘭和巴黎。法國極具野心的將蘭花種在留尼旺與模里西斯兩座法

屬島嶼上，那裡的氣候都很適合蘭花——熱、潮濕，年雨量充足，緯度位於10～20度之間。當能有效進行人工授粉，法國便迅速將蘭花移植到最大的島嶼上——馬達加斯加與塞席爾。1898年，法國便壟斷了全世界百分之八十的蘭花供應。留尼旺原本的名字是波旁（Bourbon），因此波旁香草指的就是全印度洋和馬達加斯加出產的香草。

　　起初，香草的新種植園乘著蔗糖稱霸歐洲料理的高峰橫空出世。香草很容易與雞蛋、奶油、蔗糖搭配出不同的組合，為原本的料理增添了奢華的風味。而當冰淇淋抵達新世界，又給香草帶來了另一個舞台。香草在派、泡芙、蘇打餅乾、雪球餅乾這些烘焙食品中都扮演了重要角色。除了烘焙食品，香草也很常添加在墨西哥料理中也很常添加香草，例如在雞、胡蘿蔔、明蝦中都有。

　　天然香草有數百種成分，其中有一個是香草醛（vanillan）。西奧多·尼古拉斯·戈布利（Nicolas Theodore Gobley）於1858年首度發現了香草醛，他發現可以用丁香來複製它。一個世紀後，我們能夠用一種稱為木質素的木漿來模仿香草的味道和香氣。1980年代，一家在安大略省的造紙

廠供應全球約百分之六十的合成香草，市面上僅有百分之二的香草精真的來自於香草。伊莉莎白一世—很早期就有使用香草，並命令下屬們必須在她的食物和香水中都加入香草。

## 搖動但不攪動

香草成為奶昔的原料是則相當有趣的故事。奶昔本來是威士忌加蛋白混合而成，1900年前後，加入了新的冰淇淋。與此同時，威廉‧霍利克（William Horlick）在1897年發明了麥芽奶，他認為這種用蒸發乳、大麥麥芽和小麥粉製成的營養飲品很適合給孩童和病人飲用。這兩類產品最先在連鎖藥店沃爾格林（Walgreens）熱銷，接著裝在冷飲櫃裡也往往供不應求。故事震撼的部分出現在1922年，一位在沃爾格林任職的員工伊瓦爾‧波普‧庫爾森（Ivar "Pop" Coulson）不小心把香草冰淇淋加進了標準麥芽奶食譜中。

最早的奶昔是混合冰塊、蛋白、牛奶和調味料後用手搖動。但這一切都因1922年電動攪拌機的發明而改變了，十年後，這些都以全自動化的型態進入了便利商店和餐廳。

第一間冰雪皇后（Dairy Queen）於1940年6月正式開始

營業，最近它已經在25個國家開了6400間分店。1951年，香蕉船出現在菜單上，但最廣為人知的「倒杯不灑冰風暴冰淇淋」要到1965年才誕生。不過，它不是嚴格意義上的冰淇淋，因為它的乳脂含量僅有冰淇淋定義的一半。

### 原味配方

# 香草冰淇淋

香草與可可豆是一起抵達歐洲的，但伊麗莎白一世的製藥師休‧摩根（Hugh Morgan）聲明，這兩者並非相互依存的。冰淇淋的源頭可以追溯回亞洲，而法國人的功勞在於加入了蛋，讓口感變得更滑順。瑪莉‧伊爾斯（Mary Eales）於1718年出版的《英格蘭的食物》（*Food in England*，暫譯）對香草隻字未提，而因為她身為皇家甜點師，我們可以推測，當時香草尚未來到英國。但她的描述倒是讓我們了解製作冰淇淋所需的密集勞動力：

> 用一個冰鍋裝滿奶油，任何種類的都可以，例如原味的、加糖的或有水果的。蓋緊鍋蓋。六個鍋子共需裝18或20磅冰，冰必須敲碎到非常細小……

湯瑪斯‧傑佛遜在法國第一次吃到冰淇淋，他甚至提交了一分食譜（至少包含了十八個步驟），收錄於白宮檔案中。冰淇淋的製作過程直到1843年才被南希‧瑪麗亞‧約翰遜（Nancy M Johnson）改良，他在桶上裝了一個手柄用以攪拌。

瑪麗‧蘭多夫於1824年寫下了一個香草奶油的食譜，其實基本上就是冰淇淋，同時她也推薦用這個香草奶油來改良巧克力奶油。

### 香草奶油

> 在946毫升的濃稠牛奶中加入香草籽，直到吸飽了牛奶後取出，再加入牛奶、八顆蛋（蛋黃和蛋白打勻）一起煮。可以加多一點糖，因為在冷凍的過程中糖分會流失。

1850年，卡羅‧加蒂（Carlo Gatti）在倫敦查令十字的街道上賣冰淇淋。他從攝政運河（Regent's Canal）買來冰，後來又從挪威進口。在此之前，都是擁有冰庫的富人才吃得起冰淇淋，他讓冰淇淋變成了大眾美食。最終是一位英國烹飪作家艾格尼絲‧馬歇爾（Agnes Marshall），她在35後普及了冰淇淋，並為她的技術申請了專利。

# 第 10 章

# 柑橘與壞血病

## 水果如何成為藥物

# 從裝飾品到煉金術

在遠洋航行的過程中，水手的健康狀況會逐漸下滑，變得昏昏欲睡、情緒低落，或是小傷口變成潰瘍、發燒出現黃疸的症狀，最後導致逝世。幾個世紀後，醫學才發現缺乏維生素C與壞血病有關，直到1930年代，官方才正式宣布這項發現。然而，在兩千年前，希波克拉底就已經知道缺乏新鮮食物的士兵會染上某種疾病，遠征軍很容易罹患壞血病。事實上，有許多著名海戰的勝負都受到廚師和軍需官左右，他們對作戰的影響不比指揮官來得少。經過許多個世紀以後，拿破崙就說了這句名言：「軍隊靠著腸胃行軍，我們一直低估飲食對勝負的影響。」

在對維生素還沒有概念的年代，指揮官到處尋找解決方法，但不是每次都很順利。當時令人困惑的點是新鮮的肉，新鮮的肉有充足的維生素能預防壞血病，但醃製的肉類則無法，特別是在長途旅程中，肉質會越來越老，漸漸流失維生

素，船上的銅管和炊具所造成的氧化也會破壞維生素C。

1497年，瓦斯科‧達伽馬（Vasco da Gama）深知柑橘類水果的重要性，他便帶著樹苗航行，並在路過的島嶼上種橘子和檸檬。他會讓生病的船員在此養病休息，並在回程時接他們，或是由另一艘船載走。即便如此，170位船員中，他依然損失了116位，而大多數原因可能是壞血病。

1520年，麥哲倫因壞血病失去了230位船員。1536年，雅克‧卡蒂埃（Jacques Cartier）的船隊在探索聖羅倫斯河時被壞血病所擾，後來被美洲原住民拯救，他們示範了如何把松針煮成茶。到了1593年，英國海軍上將理查德‧霍金斯發給他的船員橘子與檸檬——後來被稱為萊姆，因為在加勒比海地區很容易發現，也被泡在水手的蘭姆酒中，因此得名——的種子。但在發現美洲和西印度群島的最初300年，估計就有200萬名水手死於壞血病，這比當時的任何一場戰爭或戰役都還要多。

水手們對導致壞血病的原因一知半解。後來，具蒸汽動力的大船讓人類不須要在海上待這麼久的時間，速度讓壞血病的問題不攻自破。

普遍的觀點認為，任何酸性食物都能夠解決這個問題，不一定非檸檬酸不可。1754年，在七年戰爭期間，英國海軍徵召了184,899人，而其中的133,708人因疾病消失，事後來看，罪魁禍首就是壞血病。

直到1932年，格倫・金（Glen King）與匈牙利籍生化學家阿爾伯特・聖捷爾吉（Szent-Gyorgyi）在匹茲堡才分別正式地提出了維生素C的概念。提出概念的時間約莫只差2個星期。維生素C的試驗持續到1960年代，科學家們嘗試證明，只需要小劑量的維生素C就能改善所有壞血病的症狀。現代人早餐會搭配柳橙汁正是這個驗證的成果。

這項研究還有另一個遺珠。科學家們也有在幾內亞豬身上試驗，幾內亞豬跟人類一樣，也是少數幾種無法自體產生維生素C的動物，因此他們找了幾內亞豬來實驗，對這個美洲原生種動物來說，這不算是一個光明璀璨的未來。

## 柑橘創業家

咸認吉恩-路易・維尼斯（Jean-Louis Vigne）在加州建立了首座葡萄及柑橘種植園。他出生於波爾多附近，家族事業

是製桶。維尼斯結婚時，他買下了當地的白蘭地蒸餾設備，並成為一名公證人，但由於財務問題及自身的政治觀點與查理十世不同，便在45歲時取得護照，與其他三十名乘客一同搭乘康提號（Comte）前往阿根廷、智利、祕魯，最後抵達檀香山。他在檀香山買下一座小農場種植甘蔗，成為當地歐胡島蘭姆酒廠的經理。但販賣酒類讓當地的清教徒感到不滿，後來他無法經營這項產業，甘蔗田也被夷為平地。維尼斯再度出航，並在1831年抵達蒙特利，買下了洛杉磯河沿岸100英畝的土地 。雖然當地由方濟各會傳教士引入的葡萄產量很高，但品質讓維尼斯不滿意，於是他又派人到法國採摘卡本內弗朗和白蘇維濃這兩種品種的葡萄。他首次派船前往舊金山是在1840年，十年內，他的品牌就成為全加州賣得最好的葡萄酒。打從孩提時代起，維尼斯就知道讓葡萄成熟的價值──通常在發酵後就會攪動葡萄酒──到了1850年代，他已經在販售20年精釀美酒。他的葡萄酒引起了一波釀酒潮。

　　但維尼斯並沒有只經營葡萄酒產業。1834年，他從聖蓋博傳教團（Mission of San Gabriel）──在加州成立的二十一個傳教團之一──手上買下了幾棵柑橘樹，並在該州種植了

第一批果樹。1851年，他的果園每季生產5000到6000顆柳橙。他另外還種了400棵桃樹、蘋果樹、梨子樹、杏樹、無花果和核桃樹。

跟隨維尼斯的步伐，其他加州居民也很快意識到本地氣候的潛力。在 20 世紀初的第二次淘金熱中，人們刻意邀請了未來的柑橘大亨到加州。鬱鬱蔥蔥的柳橙、檸檬和葡萄柚給加州帶來了另一項資產：它帶給人的深刻印象就是金州，是充滿陽光和機遇的土地。

巧合的是，日本移民引發了柳橙的流行，他們會在聖誕節前後收到親戚送的裝有水果的紙盒，這成為一種時尚。今天，巴西和中國種植最多柳橙，其次則是美國。

## 寶庫

壞血病是旅行者的詛咒。對任何在廣闊世界闖蕩、靠口糧過活或缺乏新鮮食物的人，以及士兵和水手來說，它就是殺手。它將舊世界包裹在一個無形的致命囊中。以某種意義上來說，在地球上展開故事的速度，只能與種植和嫁接柳橙、檸檬所需的時間同步。人們會定居在富含維生素C的食

物──如綠色蔬菜、牡蠣和新鮮肉類──的土地上，一旦缺乏維生素C，人類就會滅亡。

　　所有柑橘類水果都可以追溯到中國東南方的雲南，如今柑橘類是他們種植量最多的水果。全世界所有的橘子、檸檬、萊姆和葡萄柚都起源於四個品種，其中橘子是最古老的──也是最甜的──對大多數人來說，比枸櫞、柚子，以及生長緩慢的大翼橙更受歡迎，而今日種植大翼橙的目的絕大多數都是裝飾用途。

　　時至今日，常見的柑橘是柚子和橘子的後代。柑橘（orange）這個字來自阿拉伯文*Sanskrit naranj*，意思是它曾途經的道路是來自陸路而非海路。首棵抵達歐洲的柑橘樹所生產的柑橘偏酸，是作為醫藥用。直到十六世紀，義大利和葡萄牙商人帶回滋味酸甜的橘子，儘管要價不斐但仍引起一陣熱潮。貴族和修道院的花園成為了這些異國水果的寶庫，而種子庫則須等到鐵路開通才能在種植園中種植並進行商業販售。舊世界雖然懂種植園的概念，但除非收成能像橄欖（沒有維生素C）或葡萄（有維生素C，但製成酒後會流失）一樣的方式保存，否則就沒有意義。種植園也很容易成

為軍隊或盜匪的劫掠的目標。橄欖油對舊世界的人而言是神聖的成品，除了料理用，也用於燃料、照明和醫療藥膏。西班牙人把橄欖與柑橘帶到了新世界，安東尼奧・德里維拉（Antonio de Rivera）在1560年的利馬種下了首株橄欖樹，接著很快就散播到太平洋沿岸的乾燥峽谷，這些地方的氣候與地中海沿岸的氣候相近。隨後，傳教士在加州建立了兩座早期的果園。

美洲原生葡萄並不適合釀成葡萄酒。西班牙人帶來了自己在歐洲栽培的品種，後來被稱為傳教士葡萄酒，但除了在天主教儀式的場合以外，人們並不認為它是好喝的，儘管後來發現加入蒸餾酒後可製造更上等的葡萄酒，如雪利（sherry）。只有一種美洲原生葡萄曾短暫用於俄亥俄州的釀酒產業。人們在1802年發現或鑑別出了卡托巴（Catawba）葡萄，《倫敦新聞畫報》（*Illustrated London News*）甚至宣稱這種葡萄釀出的酒比任何德國的葡萄酒或法國生產的香檳都要更好。可惜的是，這些葡萄藤受到霉菌影響而腐爛了。

鐵路出現後，城市的商店和超市架上隨即擺滿了新鮮的水果。罐裝水果也出現了，因為罐頭產業和火車幾乎在同一

### 原味配方

# 醃檸檬

　　在舊世界裡，僅有少數食物可以在長時間保存下還保有維生素C，而醃製就是保存維生素C的主要方式。

　　醃檸檬的食譜來自1826年的《A Lady》雜誌，展示了要保存檸檬需花費多少時間當時人們也用這種醬來料理魚。

要挑小又厚皮的檸檬。用法蘭絨輕洗後切成四等分，小心不要切碎果肉，每辦都要抹上厚鹽，直立在平底鍋中四到五天，直到鹽融化。每天加入酒到鍋中三次並翻動直到變軟。用油菜醋、檸檬鹽水、牙買加胡椒和薑製成的醃汁蓋過它們，然後煮沸並撈起雜質。放冷後，與兩盎司的芥菜種子、兩瓣蒜頭一起放進檸檬鍋中，這樣的比例可以醃六顆檸檬。檸檬用完後，醃汁可以用於魚料理或做其他醬汁用。

# 酸菜

　　如果高麗菜經過發酵，像泡菜或酸菜那樣，不只會留下維生素C，還會強化它的效用。值得注意的是，當庫克船長於1769年啟航前往紐西蘭時，他帶了幾桶酸菜，這些酸菜讓船員都保持了健康，正如我們在他給軍醫約翰・普林格（John Pringle）爵士的信所看到的：

1776年5月5日，麥爾安德（Mile-end）

爵士

　　決心號上的全體船員在旅程的後期都很健康，許多船員都對這個不尋常的結果感到驚喜，藉此機會向您傳達我們採取的方法。我們大量儲備的酸菜，不只是一種有益健康的蔬菜，在我看來，它更具有抗壞血、不會因為時間長而變質的好處。航行時，我們會提供船員一磅的量，一週兩餐或更多。

個十年內出現，傾刻間食物不再只屬於某個區域內，它能夠被組織起來並從中盈利。這兩項技術的發明就跟發現美洲一樣重要，它們都預示著一個富足年代的到來。

# 第 11 章

# 從果園到栽植園

## 香蕉、酪梨和番茄

# 香蕉：骯髒的祕密

　　香蕉所經歷的旅程就跟蔗糖很像，發源於幾內亞，而後找到自己的方式抵達印度與阿拉伯商人手上。跟蔗糖一樣，它是新世界最早種植的作物之一。它也和 300 年前的征服者一樣，因為鐵路巨頭收購了拉丁美洲的大片土地，轉而生產香蕉，才誕生出了「香蕉共和國」這個詞。

　　羅倫素・道・貝克（Lorenzo Dow Baker）船長在1870年把香蕉引進美國。他將香蕉從牙買加帶到了波士頓，因價格便宜而掀起一股風潮。鐵路大亨蓋了一條橫越哥斯大黎加的鐵路，並在沿線種植香蕉，作為給工人的廉價食物來源。稍後，他才認知到，他們有個現成可出口的經濟作物。到了1930年代，這個商業聯盟控制了美國超過80%的香蕉貿易。

　　在現代氣溫控制儲藏和運輸確立前，香蕉讓全世界廚師都感到有些頭疼。在墨西哥，會將香蕉乾燥後磨成粉以用於烘焙。有些19世紀的料理書試圖引導讀者領會將香蕉製成果

醬、牛排醬，以及用麵包屑煎香蕉等料理的樂趣。香蕉本身就是一項挑戰，因為沒有便利的運輸工具，香蕉很快就會開始腐爛，所以在印度與中國多是內銷。在餐廳外帶菜單上常可見到太妃糖香蕉派，這是一個歷史相當悠久的傳統甜點。在中美洲，香蕉幾乎都是外銷，而且伴隨著陰暗可疑的殖民歷史。香蕉和鳳梨早已成為食物世界的骯髒黑歷史，人們總是爭執或假定香蕉對開發中國家來說是有利可圖的重要經濟作物。但真正重要的問題是，對誰來說很重要？

在超市出現後，食物的價格跌落，但香蕉依然是超市裡的熱銷品，導致種植園更加剝削工人，與小麥或其他作物相比，香蕉的農藥用量是其他作物的十倍。香蕉實際上是生長過頭的草本植物，對環境甚至有不好的影響，因為它只是一種灌木作物。

## 野心的墓碑

香蕉會消耗很多土壤中的營養素，農藥更會進一步破壞表土，甚至是海床，也會滲入珊瑚礁中。香蕉是一種會造成土壤貧瘠的單一作物，創造了好幾公頃的化學荒地。香蕉比

其他作物產業製造出了更多的廢棄物。

對任何可能成為政治工作者的人或食品政策學系的學生來說，香蕉的故事其實是野心的墓碑，是充滿不切實際的希望與人類的貪婪。中美洲的國家就用金錢賄賂和奉上免費土地來商請鐵路公司進入他們的國家建設。鐵路公司進駐後，驅趕了原本居住在這些土地上的原住民驅趕，以防後患。他們從邊界帶來了願意以更低價錢做更久工時的廉價移民勞力。鐵路公司用他們的私人武裝部隊控制了這些勞工，並建立起封建式的土地劃分。此時的新世界又回到了中世紀時期的封建制度。

這些企業變得比政府還要有力量，不僅掌控了補給來源，也掌控了產業成長的手段、投資額的多寡、商品上市的路徑。這大概不能稱為市場，而是一台非常有效率的機器。

超市把商品價格越壓越低，有人稱為市價競賽。即便到了現在，每售出一根香蕉的獲利率為四十五分，而工人只能拿到兩分錢。因此經常有人說，唯一能透過香蕉跟鳳梨賺錢的只有超市。但市場的壟斷者最後還是面臨了他們的對手。超市也要求完美的黃色香蕉，導致生產者必須使用更多的化

學產品。但也有超過百分之三十的作物僅因為未達超商標準而被當作廢棄物丟棄。

工會的活動被視為是煽動暴亂。1950年代，美國前總統艾森豪和杜魯門都對共產勢力崛起感到擔憂，他們因此資助右派組織推翻中美洲合法政府。三十年內，兩種意識型態的對立導致了僵局。美國要求與他們的獨裁朋友展開自由貿易，歐洲則希望基於各國間的歷史建立特惠貿易，並維持殖民統治所塑造的關係。瓜地馬拉曾爆發長達三十六年的內戰，根據世界銀行的標準，即便到了現在，瓜地馬拉仍有百分之六十的貧窮人口，特別是在那些鄉村地區，而宏都拉斯也有相同的問題。哥斯大黎加在某種程度上則因其綠色生態政策而逆轉了這個趨勢，打破了以往鄉村自給農業的局面。

香蕉被少數企業所壟斷，這些公司的名字經常出現在超市的貨架上，包括都樂食品公司（Dole）、台爾蒙食品（Del Monte）、法伊夫斯公司（Fyffes）、諾博亞（Noboa）、FF、金吉達品牌國際（Chiquita），這些公司控制了全世界香蕉產量的百分之八十五。

最終，這些企業也做出了讓步，出現了香蕉公平交易。

今日，在國際市場上的香蕉幾乎都來自拉丁美洲。2011年，厄瓜多、哥斯大黎加、瓜地馬拉、哥倫比亞和菲律賓占據了全球香蕉出口的大部分，不過沒有國家的產量能超過中國、印度和烏干達，這些國家的香蕉幾乎都是內銷，並由自給自足的小農生產。

原味配方

# 香蕉船

　　關於香蕉船有個浪漫的故事，一名叫大衛‧埃文斯‧斯特里克勒（David Evans Strickler）的二十三歲見習化學家發明了香蕉船，當時他在賓州的拉特羅布（Latrobe）汽水店工作。他在工作上獲得了成功，因而他買下了所有汽水配方。三年後，也就是1907年時，他發表了原始版本的香蕉船，這版本要把香蕉縱切，在兩側各放上一球冰淇淋、一匙生奶油，最後用瑪拉斯奇諾櫻桃（maraschino cherry）裝飾，這是來自克羅埃西亞的新玩意兒。在一端撒上切碎的堅果，另一邊則放上看似很新奇的水果丁──但跟後來出現的各式化學加工物比還是天差地遠。

# 香蕉太妃派

　　另一個代表性的香蕉甜點是香蕉太妃派，這分甜點廣受好評，它的歷史可以溯源自英格蘭的薩賽克斯（Sussex），一家名為飢餓僧侶（Hungry Monk）的餐廳，由老闆尼格爾‧麥肯齊（Nigel Mackenzie）與伊恩‧道丁斯（Ian Dowdings）所開發，於1971年正式供應。最初的做法是在錫罐中煮沸煉乳三個半小時，但後來因為錫罐太容易爆炸，把整個廚房弄得到處都是焦糖而做了調整。香蕉太妃派的基底可以依個人喜好加入薑餅，不過原本的做法是255克的麵粉、28克的冰糖、127克的奶、一顆雞蛋和一顆蛋黃。

　　想要製成一個派體，必須把太妃糖平均灑在煮過的餅上，接著放上去皮切片的香蕉。把奶油、糖、即溶咖啡粉一起攪拌，直到它變得濃而滑順。最後，把奶油淋上香蕉和派，酌量撒上新鮮的研磨咖啡粉，上桌前再以少許的切片香蕉裝飾。

# 酪梨：鱷梨

　　酪梨皺巴巴的黑色外皮讓殖民者稱它為鱷梨，但酪梨的祖先可追溯到史前時代，在西元前一萬年的墨西哥就可以找到相關資料。早期的水手稱它為海軍的奶油，中國人和印度人也將它稱為奶油果。它的英文名來自阿茲特克文ahuacatl，根據它的形狀將其稱為睪丸，同時也認為它有壯陽的效果。阿茲特克名影響了其他語言，例如荷蘭文的avocaat、西班牙文的abogado、法文的avocatier、千里達及托巴哥共和國（Trinidad and Tobago）的zaboca。喬治‧華盛頓在1751年的筆記中寫道巴貝多（Barbados）盛產一種稱為agovago的梨子。在那瓦特語（也就是阿茲特克的語言）中，ahuacatl的意思可能也是最著名的酪梨醬——guacamole的配方。

　　酪梨傳播到全世界的過程相當緩慢。它在1750年抵達印尼，1809年到了巴西，1908年抵達中東。要等到1960年代，酪梨才出現在英國的超市。然而西班牙人發現美洲時，酪梨

已廣泛分布在墨西哥到祕魯間，委內瑞拉的山坡上也種滿了酪梨。

　　酪梨的散播其實是一件非常費力且胡亂進行的。植物獵人帶回了樣本並在佛羅里達種下了三株，然後只留下最具適應力的樹苗。但自種下第一棵酪梨需花上一個世紀的時間，才能有足夠的樹成長茁壯。卡爾‧施密特（Carl Schmidt）是一位熱情的採集者，他帶回了在墨西哥發現的野生植物樣本，不僅種在他自己的院子裡，也種在加州鄰居的花園裡。1913年的一月出現了極低溫，所有種植的酪梨都枯萎了，只剩其中一棵適應力極強的，後來被稱為佛也得酪梨（Fuerte）。

　　著名的哈斯酪梨（Hass）的故事也同樣偶然。哈斯其實是一名叫做魯道夫（Rudolph）的郵差，他用自己的積蓄買了加州的一片果園，但買不起樹苗，後來得到植物獵人A‧R‧瑞奧（A. R. Rideout）的幫助，不僅送給他種子還教他如何照顧。哈斯以為他在種的是佛也得酪梨，在多次失敗後，只剩其中一棵樹不斷生長，後來被命名哈斯酪梨，他就在帕薩迪納（Pasadena）的農夫市集販售這種酪梨。這棵樹在1926年種下，2002年被砍倒。

原味配方

# 羅倫佐的名醬

　　酪梨直到1946年才進入上流世界。當時酪梨出現在華盛頓五月花飯店，也就是老羅斯福總統就職典禮的餐宴上。那是一道由蘿蔓萵苣、酪梨和葡萄柚做成的沙拉，淋上羅倫佐的特製調料——他是一位於紐約21俱樂部任職的服務生：

把2大匙的紅酒醋、半湯匙的芥末醬、1/3杯的橄欖油、2大匙的辣椒醬、2大匙的切碎的西洋菜、2大匙切碎的切碎的脆培根混合在一起。

　　適合酪梨的食譜實在不太多，比起料理技巧，酪梨更需要的是配上對的食材。最好的版本很快就變得陳腔濫調——油醋醬配上蝦仁。也許除了抹在吐司上，唯一的食譜就是墨西哥酪梨醬，按照食材新鮮的程度，混合了香菜、白洋蔥、墨西哥胡椒（可自由搭配）、萊姆汁、鹽和少許番茄。有三個方法可以防止酪梨變成棕色，即切除果仁，或淋上萊姆或檸檬汁，但這樣會讓它與宴會格格不入。

　　它的滑順抵銷了比較粗糙的食物的口感，例如加州沙拉吧的主食——穀物。酪梨非常千禧世代、適合海邊，且方便打包。

用三倍的冷水覆蓋200公克的藜麥，滾後煮個十二到十五分鐘。同時，在一個碗裡混合去皮切片的黃瓜、羊乳酪、烤杏仁、一個四分之一的番茄和幾顆卡拉馬塔橄欖（kalamata）。煮熟後加入藜麥。最後將酪梨去皮並切成方塊，搭配檸檬和酸奶或橄欖油。

# 番茄——黃金蘋果

在所有新世界的寶物中，最有價值的非茄屬藤類莫屬，包括馬鈴薯、茄子、菸草，以及最出色的番茄。阿茲特克人知道茄科茄屬植物，早期墨西哥的居民在西元前五百年之前就已食用它，雖然哥倫布可能也會將番茄送回西班牙，但被科爾斯先一步找到。西班牙人將番茄帶到加勒比海地區，再來是菲律賓，以及全亞洲。

從植物學上來看，番茄是一種水果，學名為Solanum lycopersicum，意思是在德國的狼桃，讓人聯想到傳說中巫婆使用葉子召喚狼人的恐怖。西班牙人以阿茲特克那瓦特語tomatl這個字命名，意思是胖東西或胖水。而義大利人則對蕃茄情有獨鍾——一顆金蘋果也許能夠使教皇讓步。

歐洲人要過一段時間後才能接納番茄，但多數時是把它當作裝飾植物。在番茄葉裡的茄鹼，以及在果肉裡的番茄鹼使番茄具有輕微的毒性（現在更少了），讓番茄能夠稍微威

懾攝食者。園丁積極開發不同品種，但在200年內，番茄依然位於飲食文化的邊緣，而今日則已經發現了多達7500百種不同的品種。

人們害怕番茄其實有理可循，尤其是對有錢人來說。他們有許多料理都是用白蠟鍋烹調，而白蠟具有很高的鉛含量。像番茄這種高酸性的食物會造成鉛解離，使人中毒。而窮人使用的木頭餐具就不會有這種問題，這也使番茄成為窮人的象徵，特別是在法國大革命期間。紅色是革命的象徵，而很容易取得的番茄就被用來團結人民。貴族不吃番茄，因此它成為了革命組織的完美食物。儘管當時番茄醬在英國和美國已經蔚為盛行，但仍要花上一段時間才能讓兩地的廚房接納。根據伊莎貝拉・比頓頗具影響力的著作《家政管理》（Book of Household Management，暫譯，1861年），人們當時只要能不吃番茄，就不吃番茄。

整株植物散發著難聞的氣味，汁液在高溫下會散發出強烈的蒸氣，並導致暈眩和嘔吐。她接著寫道，人們發現番茄含有一種特殊的酸性物質，是一種易揮發的油，一種棕色的、非常香的樹脂提取物、植物礦物質、黏稠糖精、一些

鹽，也可能含有一種生物鹼。

　　這與伊麗莎·阿克頓在三十年前提出的建議相當不同，當時她熱衷於尋找美式與法式的番茄食譜。由於比頓夫人毫無羞恥的抄襲了阿克頓的大量成果，這種分歧便顯得相當詭異。也許這就可以推斷她的出版者沃德·洛克（Ward Lock）謹小慎微的性格，在她二十七歲英年早逝之際，急於保護他們從她剛破產的丈夫手中買來的這本書。

## 女巫試煉與玻璃瓶

　　美國麻州的塞勒姆（Salem）並非是擺脫女巫名聲最好的地點，鎮裡最有錢的人羅伯特·吉本·約翰遜（Robert Gibbon Johnson）上校在兩千名民眾的面前吃掉了一整籃的番茄，醫生認為他很可能會死，但他也因此一舉成名。不僅活得好好的，他的傳奇還為後世所津津樂道——儘管大部分是過度美化——之後，他成為歷史學家、農學家與紐澤西番茄的象徵人物。

　　直到1870年，亞歷山大·利文史東（Alexander Livingstone）才透過育種，讓卡羅萊那州的番茄品質變穩

# 從罐裝到罐頭

桃子和牡蠣最先受益於罐頭技術的發明。罐頭技術出現在巴斯德氏殺菌法被以科學方法證明為何有效的前半個世紀。1796年，法國軍方為尋找保存食物的新方法，懸賞了一萬兩千法郎。是大廚也是甜點商的尼古拉・阿佩爾（Nicolas Appert）在這之前就已經致力於尋找在玻璃罐中保存蔬菜、果醬和果凍的方法。這是一個再簡單不過的創新，只要把生食材裝進罐中後煮沸再密封就好。阿佩爾為了宣傳而把一整隻羊用這個方法裝進桶中密封。長達十五年的實驗後，政府要求他將這項技術公諸於眾，他於是獲得了巨額的金錢。然而不幸的是，法國輸掉了戰爭，他的工廠不只倒閉了，還在1814年被英國士兵破壞殆盡。

玻璃不僅脆弱還很難運送。一個名為彼得・杜蘭德（Peter Durand）的英國人，在1810年用同樣的技術取得了專利，但他使用的是錫罐，好讓士兵可以用刺刀打開。杜蘭德的第一家公司是現在眾所皆知的CB皇牌（Crosse and Blackwell）。1817年，英國陸軍買下了三千英鎊的罐頭肉，而在1824年，人們去北極探險時，又帶上了罐頭牛肉和罐頭碗豆湯。在1812年的紐約，羅伯特・艾爾斯（Robert Ayars）正式經營起第一家罐頭工廠。據說罐頭技術可讓食物的保存期限延長三十年之久。1974年，一個罐頭從沉沒的輪船伯特蘭號（Bertrand）中被打撈出來，人們發現裡面的水果就技術上來說還是能吃的，而那個罐頭已有109年的歷史。

另一個因食物保存技術而出現的福利品是番茄醬，其源自中國常見的醃製魚腥草，後來到了其他帝國便使用帶有自身風格的食材製作，例如牡蠣、蘑菇和胡桃，如果在菲律賓則會有香蕉——來自水手故鄉的滋味。在1690《牛津英文辭典》中一段1690年的引文中，有提到：「番茄醬：一種昂貴的印度沾醬。」自1750年以來，ketchup這個詞指涉的是所有黑色的

醬，通常用蘑菇和鯷魚製成，但一年一度的番茄季產量過剩使它成為相當顯眼的食材候選人。在農場的攤位上出售了第一批番茄醬，比起新鮮現採的番茄，美國人似乎更樂意享用添加了香料和醋的沾醬。喬納斯·耶克斯（Jonas Yerkes）於1837年生產了第一罐罐裝的番茄醬並銷售到全國，卡夫亨氏（Heinz）則於1876年進行。

定，並專注於培育較甜的品種。那時來自佛羅里達與加州的種植者因兩地適宜的氣候而引進了這種番茄——番茄喜歡大太陽的好天氣。終於在1897年，約瑟·金寶（Joseph Campbell）發明了罐頭番茄湯，金寶宣稱每年可賣出將近九千萬罐。卡夫亨氏於1910年開發出罐頭番茄湯時，也宣稱自己的品牌每年可賣出差不多的量。

最早，許多番茄醬是使用煤焦油和硼酸等致癌物製成的。亨利·約翰·亨氏（Henry J. Heinz）很自豪於自己工廠的衛生清潔，所以會讓訪客到處自由參觀。他希望他的番茄醬能裝在玻璃罐裡（由他聘請的化學家G·F·梅森於1906年發明）以展示透明度。總是用標誌性玻璃罐裝展的番茄醬售引起了人們好奇，為什麼番茄醬這麼難倒出來？準確的速度是每小時147英呎（44.8公尺）。唯一能夠加快倒出來速度的方法是用慣性，這也是為什麼五十七種不同品牌的標籤要放在瓶蓋上——也就是你要搖動讓它加速的地方，而非瓶子的底部。

原味配方

# 原汁原味的番茄醬

通常大多數人都會同意最早的番茄醬食譜如下，就記錄在桑迪・艾迪生（Sandy Addison）的書《糖屋書》（*Sugar House Book*，暫譯，1801年）中。不像其他早期的番茄醬，它並未包含有魚：

在乾燥的天氣裡剝（番茄的）皮，用手扭乾到只剩果肉，接著以一百顆番茄兌半磅的比例添加鹽巴，煮沸兩小時，並隨時攪拌它以防燒焦。

趁熱讓它過篩，用一把銀湯匙擠壓到只剩下番茄皮，接著加入少許荳蔻香皮、三顆肉荳蔻、五香粉、丁香、肉桂、生薑與胡椒粉調味。

用細火慢煮直到湯汁變得濃稠，並且須不斷攪拌。放冷後即可裝瓶。一百顆番茄可製成四到五罐，且可保存良好風味二到三年。

# 法式橄欖檸檬蒜醬

我們可以在法式橄欖檸檬蒜醬裡，看到新菜餚簡化的演變史。裡頭的番茄醬雖然是抽象、赤裸的必需品，但它是單純的，而且是古老而質樸的，並被偉大的法國廚師米歇爾・蓋拉爾（Michel Guerard）推廣開來。它的變化多端是優點之一，不過核心的搭配其實很簡單：上好的橄欖油、最高級的番茄碎末（非必要，有時甚至會去皮或去籽），檸檬汁和新鮮香草，混合好後放在室溫下醃漬，在夏天的高溫下，這一切是完美的配合。這樣一來，在北方的氣溫下，廚師就不必趕著在幾分鐘內下鍋。溫室番茄可與二級橄欖油搭配青蔥，再加入少許刺山柑，甚至是蒜頭，但要小心加入後可能會導致失敗。

# 第 12 章

# 四足野獸

## 在靶場上的家

# 安息吧，野牛

　　位於南法多爾多涅（Ｄｏｒｄｏｇｎｅ）的拉斯科洞窟（Lascaux）中的舊石器時代壁畫中，清楚畫著的大型動物有：黃牛、兇猛的野牛、馬匹和其他野生的或正在被狩獵的動物。這些壁畫源自西元前一萬五千年，這讓我們得知當時的穴居智人與他們周遭的動物有一層重要的關係。

　　辭源學也告訴了我們牛與早期人類之間密不可分的關係。黃牛（cattle）這個詞是來自catel，也就是縮短的中世紀拉丁文capitale，從caput這個代表前進的詞衍生出來，因此它也意味著可移動的個人財產（與不動產相反），可代表所有土地上飼養的牲口。古英文中的詞feoh意謂作為財產的黃牛，稍後演變成了「費用（fee）」。諾曼人在1066年征服英格蘭而影響了古英文，上桌的肉起源於法文，因為當時的貴族是法國人，農民是語言為盎格魯-撒克遜的英格蘭人，因此牛肉來自boeuf，而牛來自cu。我們也可以在豬肉和雞肉上看到相

同的關係——菜單上的詞來自法文，農場裡的則稱呼來自盎格魯-撒克遜。

馬和牛或許成為了新世界的標誌性象徵，但這要經歷三百年的歷史。征服者騎著馬抵達南美洲的田園鄉間時，定是一幅可怕的景象，因為他們身著閃亮的鎧甲，腰間配戴著鋒利的刀劍。一直要到19世紀，天主教在德州和加州扎根後才真正開始飼育牲群，在此之前，許多馬、豬都是野放的。

最早與殖民者一起來到北美洲的牲口不受任何人歡迎，因為牠們會踐踏莊稼。此外，新教徒喜愛吃肉。隨著西班牙人來到南方的牲口大多放牧在鄰近耶穌會的地區，時間久了才逐漸成長為較大的牲群。公牛是最重要的勞動力，而且在閹割後可以長得更大、更強壯，能夠更好的拉動馬車和犁田。牠們並非食用肉類的主要來源，原生野牛才是。

殖民者帶來的馬和鳥槍改變了野牛的命運。在此之前，人類只能以步行的方式狩獵野牛。通常會把野牛驅趕至圍欄或懸崖邊，需要多名勇士才能獵捕一隻野牛。但只要騎在馬上，即便野牛的時速可以超過三十英里，獵人也可以追趕野牛。再加上鳥槍，獵牛就像甕中捉鱉。此外，野牛還有一個

致命的弱點，就是當牛群中有一隻倒下，其他野牛就會聚集在一起。因此只要獵人先射殺其中一隻野牛，就會有一大群獵物自動送上門來。從1871年開始，每年都有150萬隻野牛屍體以火車載運送回東部。牠們的皮革可以製成士兵的靴子、皮帶與長袍，牠們的肉同樣也有被好好利用。

## 可攜式乾肉餅

在新世界，人們從未將馬視為一種食物，這是一種禁忌。美國的屠宰場最後一次宰殺馬匹是在接近2007年時，但之後也是將之運回舊世界。墨西哥是最大的馬肉出口國，但在當地跟南美洲都甚少食用馬肉，雖然智利的養馬人確實像對待牛一般對待馬，不僅喝馬奶，也吃生的馬肉。甚至有一個字彙專門指吃馬肉的人 —— hippophagist。在亞洲某些地方也可以找到馬肉料理，像日本有生食的馬肉壽司。通常有游牧部落的地方才會吃馬肉，在加拿大的一些地區會因古老的法國傳統而吃馬肉。馬肉也出現在較古的老食譜中，尤其是在義大利，在牛肉和羊肉大量取代馬肉之前，馬肉就像鹿肉一樣普遍。畢竟，馬有其他用途，即便在古老的食譜書中

可以找到馬肉的痕跡（還有熊和獾），人們只有在不得已時才會考慮吃年邁的馬。克里族（Cree）有一種特殊的儲備食物——乾肉餅（pemmican），是油脂的意思。探險者隨即借鑑這作法，並將之做為在加拿大或北極圈的主食。對梅蒂人（Métis，美洲原住民與歐洲人的混血後裔）而言，它成為供應毛皮交易站的一個整體經濟。據說販售乾肉餅的收益比其他依靠狩獵水獺和熊的美洲原住民還要更多。

　　人們獵到一頭野牛時，會將肉分成小塊，並放在高溫的石頭上去除水分。等水分乾掉後，再用石頭搗碎，然後加入一些野莓和相同分量的油脂，並用生皮包裹起來。一塊水牛乾肉餅有九十磅重，被稱為taureau，也就是法文中公牛的意思。一塊上好的野牛乾肉餅是使用乳房的油脂製成，最高級的則會加入骨髓。一頭野牛的肉可製成一塊乾肉餅。北方高緯度地區的夏季短暫，獵人沒有時間從獵物上分神，他們需要可以壓縮、有營養、隨身攜帶或可以打包放在獨木舟上的食物。北方的地理形勢愈是荒涼，乾肉餅也就愈加珍貴。

　　乾肉餅通常可以直接食用，但山姆‧斯蒂爾（Sam Steele）於1874年所寫下的紀錄指出，他認為與馬鈴薯、野生

洋蔥和些許水一起燉煮，風味會更佳。他將道料理稱為乾肉餅湯（rubaboo）。大草原的獵人會把馬肉與一些洋蔥和馬鈴薯一起加熱。它也成為北極圈和南極洲雪橇探險極關重要的配備。

即便是英國陸軍——也就是世界上最不會料理的單位——也在波耳戰爭（Boer War）中將野牛乾肉餅混合糖和可可發給士兵。

## 真實的麥考伊先生

1850年左右，槍彈科技的進步使來福槍取代了毛瑟槍，而這與野牛在二十五年內被正式宣布滅絕有關，儘管農民在數年內都還能利用野牛骨製成肥料提升作物的產量。

在這之後，就變成黃牛和牛仔的舞台了。人們必須長途跋涉，才能把牛羊趕到市場。他們要穿越美洲廣闊的土地，躲避路上虎視眈眈的盜匪，尤其是鐵路正在興建時。

牛群間也有內戰。野化的牛隻自由繁衍，到了1865年，北美平原上就有超過500萬隻。牛仔和西部拓荒膾炙人口的故事就是基於約瑟夫・麥考伊（Joseph McCoy）這名實際

存在的芝加哥牲口交易商而來。他在堪薩斯太平洋鐵路公司
（Kansas Pacific Railway）旁的阿比林（Abilene）建造了銀
行和畜牧場，就沿著內戰中南軍使用的補給路線而建。麥考
伊以最優渥的價格請人圍捕牛群。一個養牛戶用5400元買下
了600頭牛，然後到阿比林以16800元售出。1867年到1881年
間，有超過200萬頭牛被送到阿比林。喬瑟夫因此被人們親切
地稱為「真正的麥考伊」。

　　還有另一種出口貿易的活動橫跨了大洋，但這次
是一本書。人們將不同種牛隻繁殖的研究視為科學，現
在世界上所有安格斯牛的祖先都來自蘇格蘭的鴨巴甸郡
（Aberdeenshire），一隻被稱為灰胸喬克（Grey-Breasted
Jock）的野牛。牠在蘇格蘭牧民手冊中位居第一名。牠的母親
很有可能是一隻名為老奶奶（Old Granny）的牛，生於1824
年，活了超過五十歲，還在同一個農場生下超過一百隻小
牛。第一隻安格斯牛在1873年來到堪薩斯州，當地人對牠有
些微的好奇心，十年內，在芝加哥成立了一個協會，而蘇格
蘭品種的牛開始在前殖民地定居。

　　愛爾蘭馬鈴薯荒是因為英格蘭人將愛爾蘭的茂盛放牧場

# 漢堡的歷史

　　最早的漢堡很有可能是野牛漢堡，這名稱很明顯是在指涉德國的漢堡（Hamburg），也就是大多數德國人和西歐人啟航去紐約的地方。如果我們將漢堡當作紐約的發明，一切就會顯得合情合理，但其他地方也有同樣的主張。就跟熱狗一樣，許多食物的創新都圍繞著城市，而漢堡可能是從沒有座位的路邊攤發跡的。最重要的是，當漢堡在1850年左右被發明出來，絞肉機的專利變得更複雜，肉餅不再是用屠刀切碎，而是被絞碎的。這項技術和大量運往城市的牛肉是讓肉類製品價格下跌和普及化的主要原因。野牛代表舊世界；而牛肉則代表新世界。

　　有了絞碎的牛肉，混合假肉和食物中毒的風險也隨之而來。在第一次世界大戰時期，任何像是漢堡的德國食物都被視為是不愛國的表現。因此比起會販賣這類食物的小餐館，看起來乾淨、高級且價格不會過於昂貴的品牌餐廳開始大受歡迎。美國最早的漢堡連鎖店「白色城堡」於1921年在堪薩斯州的威奇托（Wichita）創立，很快就以一座28乘28英尺、以芝加哥大道水塔為藍本的白色城堡擴展到整個中西部。該店的店面很時髦、出餐速度快、方便攜帶，也有一條生產線能夠取代喜怒無常的廚師。白色城堡包辦了所有的生產線，包括了員工自己的白帽，除了生產小麥和養牛以外的所有產品。十年後，在田納西州的查塔努加（Chattanooga）出現了模仿者——克里斯托快餐店（Krystal），而在1940年，首家麥當勞在加州的聖貝納迪諾（San Bernardino）開張營業。理查和莫里斯麥當勞兄弟（Richard and Maurice McDonald）在1948年引進了快速（Speedee）服務系統（我們依然可以在加州唐尼的分店看到最早期的吉祥物——Speedee，它在1967年被麥當勞叔叔取代了）。雷·克洛克（Ray Croc）是最早的加盟主之一，1955年，他在伊利諾伊州的普蘭斯（Plaines）經營了麥當勞的第九家分店。後來，他買下了麥當勞兄弟的經營權，並將麥當勞擴展到世界各地。

用作養牛的飼養場，並將牛製成粗鹽醃牛肉出售，他們在這方面很有經驗。「醃」是指用鹽去醃，因此稱微鹹牛肉。將牛肉販賣到加勒比海地區的種植園是三角貿易的一部分，商人同時會獲取鹽並帶回糖。

自17世紀以來，可長期保存的肉製品被大量運回英格蘭的新興城市，陸軍與海軍對這類肉製品的需求越來越高。地主變得富有，供應軍隊的補給品項也越來越豐富。牛肉被分級為小塊牛肉、大塊牛肉和上等牛肉。都柏林、科克與貝爾法斯特（Belfast）等都是因牛肉貿易而出現的城市。藉由出口到西班牙和法國南方的貿易，商人也會帶回鹽。1688年，光是粗鹽醃牛肉就占了全愛爾蘭出口量的一半，而因為高價的緣故，只有極少量在國內銷售。第一次世界大戰期間，粗鹽醃牛肉是作為口糧發放給士兵，因而產量達到了全盛時期，即便到了第二次世界大戰，它依然是主要的戰爭口糧。這次主要的放牧地是另一個帝國的後花園——烏拉圭。位在弗賴本托斯（Fray Bentos）的工廠雇用了超過五千位工人，而在戰爭期間，當地貨幣的表現遠遠優於美元。此處，帝國的做法就跟以往相同，在人口不太密集的地方飼養牛隻。

原味配方

# 一碗紅醬

一碗紅醬是德州的代表菜色，最初可能是牛仔在馬車旁的晚餐。每年十一月的第一個星期六舉辦的慈善烹飪賽都吸引無數愛好者來到德州的特林瓜（Terlingua）小鎮，另外還有一個由香料商人彭德里（Pendery）在春季舉辦的達拉斯競賽。跟據一般共識，實際的紅醬食譜已經被商品化，主要差異在於混合的香料不同，而不是因為技術的差別，通常為了保持一致性，香料也都是乾燥而非新鮮的。以下是最近得獎的一碗紅醬做法：

第一步，把900克的牛肩胛肉放進辣醬裡，裏好醬取出，再把鍋擦乾淨。第二步，倒入辣椒、蒜頭、胡椒和洋蔥調味的牛肉和雞湯沖洗鍋子，並燉煮五十分鐘。

接著再倒入另一部分，這次使用不同種的辣椒、孜然，和更大量的雞高湯，燉煮四十分鐘。最後，在上桌前二十分鐘，加入更多孜然、辣椒、辣醬、紅糖。據説，重點在於不同辣椒需用到不同的料理時間。

這其中的關鍵差異在不同品種的辣椒。其中一種版本是用聖安東尼奧紅醬（San Antonio Red）、Pendery's Temper-Temper辣椒。另一種是Mexene Pendery的辣椒粉、蒜味鹽顆粒等。

有趣的是孜然味道很強烈，它是來自地中海地區和東南亞的植物。2019年的辣椒料理冠軍凱瑟琳·卡文德（Kathryn Cavender）揭曉了其中一個祕密，她在評審的塑膠杯中倒入伯爾納嘉年華（Bolner's Fiesta）的產品孜然籽（comino）進行初步的清洗。馬爾他的科米諾島（comino）之名便是來源於此。

## 紐約的魯賓三明治（REUBEN）

　　在紐約街頭上，牛肉貿易從經典美式三明治中找到另一個舞台——魯賓三明治，由猶太屠戶醃製的牛肉。就跟所有經典料理一樣，它是由標誌性的黑麥麵包、鹹牛肉、瑞士起司、酸菜與俄式沙拉醬組合而成，而且魯賓三明治也有個充滿爭議的故事，可以推論出位於紐約的小型移民社區可能代表這種組合。阿諾德・魯賓（Arnold Reuben）於1908年的公園大道802號開張了同名熟食店。魯賓很喜歡以他的百老匯客戶命名三明治，據說魯賓就用理查・卓別林（Charlie Chaplin）的女友來命名其中一種三明治，他在1928年的手稿中有提到這件事。這分手稿來自帕特里夏・R・泰勒（Patricia R. Taylor），阿諾德・魯賓的女兒。她在多年後將這分食物名字的解釋手稿交給了美食作家克雷格・克萊本（Craig Clairbone）：

　　　一天傍晚，理查・卓別林的一位女主角來到餐廳並跟我說：「魯賓，幫我做一分三明治，最好是總匯的。我餓到連磚頭都吃得下去。」魯

　　賓於是取出一塊黑麥麵包，切下兩片，在其中一片放上烤過的維吉尼亞火腿、切片烤火雞、進口的切片瑞士起司，最後放上涼拌高麗菜與大量魯賓特製的俄式沙拉醬，以及第二片麵包。上菜後，那位女士說道：「我的天，魯賓，這是我吃過最好吃的三明治。你應該把它稱為安妮特・西洛斯特餐（Annette Seelos Special）。」他回應：「我才不會。我要把它稱為魯賓特餐。」

　　後來的版本還加入了千島醬。這種醬來自聖羅倫斯河的千島群島。

　　雷切爾三明治（Rachel sandwich）是把燻牛肉或甚至是火雞替換成鹹牛肉，把涼拌高麗菜替換成酸菜。在密西根州，用火雞做的三明治被稱為喬治亞或是加州魯賓。

　　紐澤西州版本的邋遢喬三明治（Sloppy Joe）則使用了不同的肉類，通常是豬肉或火腿或兩者兼具。有鑑於它來自猶太，邋遢就不符合猶太戒律。《美國俚語辭典》（*The*

Dictionary of American Slang）中寫出了一個相當普通、讓人
失望的解釋——只是任何一種碎牛肉與番茄一起燉煮，夾在
麵包中再淋上伍斯特醬。

# 絲綢之路

## 皇帝的新衣服

# 謙卑的桑葚

　　我也許能用另一個角度說這個故事。在現代英文的口語表達中，我們預設或聚焦在東方或西方的發展軌跡；在西班牙或亞洲的詮釋中，哥倫布大交換的故事可以從西方向東方展開。「發現」並非單向的過程，許多植物和食物的交換都是緩慢地透過香料之路發生的。這條路上並沒有太大的衝突，比較像是一條橫跨了大陸的長繩。哥倫布並未找到富裕的亞洲和東方但葡萄牙人找到了。僅在幾年後，他們的故事就被美洲與西班牙的關係所掩蓋。

　　比起今日我們所熟悉的覆盆莓、黑莓、甚至是草莓，有另一種小水果在我們的故事中扮演更重要的角色。這種小水果就是它們的親戚 —— 桑葚。這種謙卑的莓果帶給舊世界一大重要的技術革新，並以它命名了代表性的貿易路線 —— 絲綢

之路。在某種程度上，發生在玉米身上的事，早在多年前就發生在桑葚上了，它讓這個世界的人們有了絲綢裝扮自己。

與美洲不同，葡萄牙人並未在遠東地區發現原住民部落。他們發現了軍事帝國、王國與哈里發*。他們發現貿易商港和武裝商隊，這些貿易港口和武裝商人將印度洋周圍的國家連接起來，一直延伸到北部阿拉伯勢力掌控的紅海。他們打斷了顯然是橫越印度洋、東至中國海的熟成市場。實際上，他們是跟隨著伊斯蘭教傳播的腳步，這可能意味著阿拉伯歷史就跟中國歷史一樣，開始的時間比歐洲或美洲早上許多。葡萄牙人和早期的歐洲探險者並不是真正發現什麼，只是參與了其中的貿易活動。

歐洲人完全了解能在亞洲找到什麼樣的寶物。羅馬人和波斯人都渴望得到東方的絲綢和緞布，願意付出大筆的金銀珠寶做交換。中國的織布和縫紉技術都領先歐洲，羅馬人也崇尚為數不多的香料，尤其是丁香和肉荳蔻。

馬可‧波羅等貿易商人都知道橫越波斯和喜馬拉雅山的

---

\* 編註：為哈里發國與烏瑪的統治者，是伊斯蘭教的宗教及世俗的最高統治者稱號。

絲綢之路，儘管對歐洲人來說，所有關於東方美妙的香料或寶藏基本上都是從阿拉伯商人那裡聽來的。

從中國出發，北上的絲綢之路沿著喜馬拉雅山半月形的路線抵達現在的伊斯坦堡。絲綢之路從印度帶來的香料包括肉桂、胡椒、生薑、薑黃、肉荳蔻，以及舊世界另一個商業驅動力——鴉片。這是古代世界的食物傳播高速公路，1488年，巴爾托洛梅烏‧迪亞士（Bartholomew Dias）在南印度港口科澤科德（Calicut） 成為第一位窺見絲綢之路的歐洲人。歐洲對絲綢的渴望打開了亞洲的貿易市場。大航海時代的推動力是1492年鄂圖曼人攻下君士坦丁堡所造成的影響，因為鄂圖曼人威脅要切斷與東方的所有貿易商路。

第一個實際走訪這條絲綢之路的歐洲人是耶穌會傳教士鄂本篤（Bento de Góis），他在 1602 年從印度的阿格拉（Agra）出發，花了三年時間走完這4000英里，主要是因為他所搭乘的篷車一直走走停停，好等其他的商人加入他們。

將近5000英里（13000公里）的絲綢之路載運了許多商品橫跨大陸之間，但它們並不是由單一的馬車全程載運的，而是許多商人沿著路線進行貿易，將珍貴的物品從東方運往西

方。帶著一支軍隊（真的會需要）往返大陸之間再帶回財寶的想法純粹是一個迷思，貿易必然是零碎形成的。但如果一艘船隻能夠往東航行，它就能相對安全的航行並帶著貨物回歸。

當船隻航行繞過南非，就會發現到印度洋較為寧靜的海域。1511年，葡萄人在麻六甲建立基地，作為整個群島的貿易樞紐。他們從那裡派出使節前往暹羅王國（現在的泰國），也到了更東邊的德那第（Ternate）。哈里發因香料貿易而變得富庶，尤其是丁香貿易，當時的哈里發也已改信了伊斯蘭教。第一個抵達中國的葡萄牙人是歐華利（Jorge Alvares），他在1513年從香港附近上岸。

## 大祕密

考古學證明了絲綢貿易可以追溯到幾千年前（一條用以包裹嬰兒的絲綢布緞在西元前3630年就出現了），而它的中心正是中國。

蠶可能是最早被馴養的昆蟲，而且變得要依靠人類才能生存。蠶要吃白桑樹葉才能長大、吐絲，這種樹多生長在中

國中部的河南。

　　早期中國發展出令人驚嘆的農業模式，催生出磨坊和織布機的發明，使得數個區域都仰賴緞布貿易，甚至連蠶本身也經過育種，野生的蠶不會吐出能織布的絲。

　　中國人完美的藏起了這種既精細又珍貴的技術，沒有其他地區的人有同樣的技術。蠶在四到六天中就能產下五百顆或以上的卵，這些卵必須被放在攝氏18到25度之間才能孵化。蠶寶寶是人工以新鮮摘下和切碎的桑葉餵食，每半小時就必須餵食一次。數以千計的蠶寶寶被放置在扁平的圓形木托盤上，疊在彼此身上咀嚼桑葉，牠們所發出的聲音就像雨水滴落在鐵皮屋頂上。在蠶寶寶成蟲之前，體重會在一個月內以倍數成長一千次。在蠶孵化成飛蛾前，會先分泌出很像果凍的分泌物，這些分泌物接觸到空氣就會硬化，在三到四天內就會形成一層繭包裹住自己，看起來就像白色泡芙球。

　　接著就能收獲了，先蒸後烤。在亞洲，至今都有用甜辣醬烤蠶和煎蠶的街頭小吃（蠶很明顯有比牛肉還要多的蛋白質）。繭攤開後，每一絲都可以拉長到900公尺，其中有一半纏繞在一起形成單一一條線。這些絲線稍後會被織成衣服或

用於刺繡。絲綢最神奇的地方是它非常輕盈，還冬暖夏涼。

## 替代貨幣

　　絲綢很快就成為社會地位的象徵，一開始只有皇帝穿，接著在不同顏色的分類下，宮廷貴族也開始穿著，並銷售到其他國家。絲線開始變成一種普遍的產品，也用作樂器的弦以及釣魚線。對希臘和羅馬人來說，河南人是賽里斯人（Seres），也就是絲國人。

　　如果沒有了桑葚，許多事可能都不會發生。今日我們視為理所當然的食物──生薑、大蒜、八角、丁香、肉桂、芝麻、蔥、胡椒、茴香和黃豆產品（如醬油和味噌），這些都來自絲綢之路。西元前2700年的中醫草藥書列出超過一百種醫藥用香料和草藥。在舊世界，食物和醫藥被認為是同一種東西，而絲綢之路就是舊世界的哥倫布大交換，只是它是用陸路傳播而非船隻。

　　但不同類型的亞洲料理範圍和多元性意味著東方食物文化的根源更為深層。法國和義大利廚房有時會被描述為是全世界最棒的廚房，但當你越往東方旅行，就有越多能夠競

爭世界第一的料理。印度、泰國、越南、中國和日本都是如此，而這也只是一個開始，不過這又是另一個故事了，它們的起源都必須追溯回到史前的迷霧之中。桑樹的樹皮也給了我們另外兩個視為理所當然的基礎物品，一個握在你的手中，另一個在你的口袋裡。幾個世紀前，它們以任何其他形式出現在其他地方之前，桑樹的樹皮正是用於書寫的關鍵材料。而那張紙後來開始用來印刷鈔票。

# 哥倫布大交換

## 舊世界到新世界

| 植物 | | 動物 |
|---|---|---|
| 阿開木（西非荔枝） | 火麻（包括大麻） | 駱駝 |
| 杏仁 | 奇異果 | 貓（家貓，已有野生種） |
| 蘋果 | 可樂果 | 雞 |
| 杏子 | 萵苣 | 奶牛 |
| 菜薊（朝鮮薊） | 小米 | 驢子 |
| 蘆筍 | 肉荳蔻 | 雪貂 |
| 香蕉 | 燕麥 | 山羊（家畜，已有野生種） |
| 大麥 | 秋葵 | 鵝（家畜，已有野生種） |
| 甜菜 | 橄欖 | 蜜蜂 |
| 山桑子 | 洋蔥 | 馬 |
| 苦瓜 | 鴉片 | 老鼠 |
| 黑胡椒 | 豌豆 | 豬（家畜，已有野生種） |
| 蕓薹（白菜型油菜） | 桃子 | 兔子（家畜） |
| 高麗菜 | 梨子 | 野鴿 |
| 哈密瓜 | 開心果 | 綿羊（家畜） |
| 小荳蔻 | 蘿蔔 | 蠶 |
| 紅蘿蔔 | 大黃 | 水牛 |
| 花椰菜 | 米 | |
| 肉桂 | 大豆 | |
| 丁香 | 甘蔗 | |
| 咖啡 | 芋頭 | |
| 柑橘（橘子、檸檬等） | 茶葉 | |
| 小黃瓜 | 蕪菁 | |
| 椰棗 | 核桃 | |
| 茄子 | 西瓜 | |
| 無花果 | 小麥 | |
| 亞麻 | 釀酒用葡萄 | |
| 大蒜 | 山藥（有時被誤稱甘藷） | |
| 榛果 | | |

# 新世界到舊世界

| 植物 | | 動物 |
|---|---|---|
| 龍舌蘭 | 花生 | 羊駝 |
| 莧菜 | 長山核桃 | 美國水貂(毛皮養殖) |
| 葛鬱金 | 鳳梨 | 絨鼠 |
| 酪梨 | 馬鈴薯 | 天竺鼠 |
| 常見的豆子（斑豆、皇帝豆、腰豆等） | 南瓜 | 駱馬 |
| | 藜麥 | 疣鼻棲鴨 |
| 黑胡椒 | 覆盆子 | 火雞 |
| 藍莓 | 橡膠 | |
| 蛋黃果 | 人參果 | |
| 腰果 | 夏南瓜 | |
| 奇亞籽 | 草莓（商業品種） | |
| 糖膠樹膠 | 釋迦 | |
| 秘魯釋迦 | 向日葵 | |
| 辣椒 | 甘藷 | |
| 古柯 | 菸草 | |
| 可可豆 | 番茄 | |
| 棉花（長絨棉） | 香草 | |
| 蔓越莓 | 野生稻（印度米，與亞洲稻沒有直接關係） | |
| 牛心梨 | | |
| 芭樂 | 瑪黛茶 | |
| 越橘莓 | 絲蘭 | |
| 菊芋 | 櫛瓜（西葫蘆） | |
| 涼薯 | | |
| 玉米 | | |
| 木薯 | | |
| 木瓜 | | |
| 百香果 | | |

# 參考書目

Andrews, Jean, 1993. 'Diffusion of MesoAmerican Food Complex to Southeastern Europe.' *Geographical Review*, Vol. 83, No. 2 (Apr., 1993).

Bareham, Lindsey, 1998. *In Praise of the Potato: Recipes from Around the World*. London, UK: Penguin.

Beeching, C.L.T. (editor), 1919. *The Modern Grocer*. Vol. 1–4. London, UK: Caxton.

Blake, Michael, 2015. *Maize for the Gods: Unearthing the 9,000-Year History of Corn*. California, USA: University of California Press.

Chapman, Jeff, 'The Impact of the Potato', *History Magazine*, http://www.history-magazine. com/potato.html.

Columbus, Christopher and Cohen, J.M. (Translator), 1992. *The Four Voyages: Being His Own Log-Book, Letters and Dispatches with Connecting Narratives*. New York, NY: Penguin Classics.

Copsey W. G., 1950. *Law's Grocer's Manual*. Fourth Edition. London, UK: William Clowes & Sons.

Crosby, Alfred W., 1972. *The Columbian Exchange: Biological and Cultural Consequences of 1492*. Westport, CT, USA: Greenwood Press.

DeWitt, Dave and Bosland, Paul W., 2009. *The Complete Chile Pepper Book: A Gardener's Guide to Choosing, Growing, Preserving and Cooking*. Portland, OR, USA: Timber Press.

Diamond, Jared, 1998. *Guns, Germs and Steel: A short history of everybody for the last 13,000 years*. New York, NY: Vintage.

Divina, Fernando and Marlene, 2004. *Foods of the Americas: Native Recipes and Traditions*. Berkeley, CA, UK. Ten Speed Press.

Ferguson, William M. and Adams, Richard E. W., 2001. *Mesoamerica's Ancient Cities: Aerial Views of Pre-Columbian Ruins in Mexico*. Revised edition. Albuquerque, NM, USA: University of New Mexico Press.

Frankopan, Peter, 2015. *The Silk Roads: A New History of the World*. London, UK: Bloomsbury.

Galloway, J. H., 1989. *The sugar cane industry*. Cambridge, UK: Cambridge University Press.

Galloway, Patricia Kay, 2006. *The Hernando de Soto Expedition: History, Historiography and 'Discovery' in the Southeast*. Lincoln, NE: University of Nebraska Press.

Gentilcore, David. 2010. *A History of the Tomato in Italy Pomodoro!*. New York, NY: Columbia University Press.

Hale, Sarah J., 1857. *Mrs Hale's New Cook Book*. Philadelphia, USA: T. B. Peterson and Brothers. The National Archives of the UK (TNA).

Iomare, Máirtín Mac Con, 2011. 'Irish Corned Beef: A Culinary History'. *Journal of Culinary Science and Technology*. 9 (1): 27–43.

John Komlos, 1998. 'The New World's Contribution to Food Consumption During the Industrial Revolution.' *Journal of European Economic History*. 27 (1): 67–82.

Kiple, Kenneth F. and Ornelas, Kriemhild Coneè (editors), 2000. *The Cambridge World History of Food*. Cambridge, UK: Cambridge University Press.

Kiple, Kenneth F., 2007. *A Moveable Feast: Ten Millennia of Food Globalization*. Cambridge University Press, New York, NY.

Langer, William L., 1975. 'American Foods and Europe's Population Growth 1750–1850', *Journal of Social History*, 8 (2): 51–66.

Lebovitz, David, 1999. *The Great Book of Chocolate: The Chocolate Lover's Guide with Recipes*. Berkeley, CA, USA: Ten Speed.

Macinnis, Peter, 2003. *Bittersweet: The story of sugar*. Crows Nest, Australia: Allen & Unwin.

Malcolmson, Robert W. and Mastoris, Stephanos, 2003. *The English Pig: A History*. London, UK: Bloomsbury.

McNeill, William H, 'How the Potato Changed the World's History'. *Social Research*. 66 (1): 67–83.

McNeill, William H, 'The Introduction of the Potato into Ireland'. *Journal of Modern History*. 21 (3): 218–21.

Milioni, Stefano, 1992. *Columbus Menu: Italian Cuisine After the First Voyage of Christopher Columbus, 1492-1992*. New York, NY: Italian Trade Commission.

Mintz, Sidney, 2015. *The Oxford Companion to Sugar*. Oxford, UK: Oxford University Press.

Nichols, Deborah L. and Pool, Christopher A., 2012. *The Oxford Handbook of Mesoamerican Archaeology*. Oxford, UK: Oxford University Press.

Nunn, Nathan and Qian, Nancy, 2010. 'The Columbian Exchange: A History of Disease, Food, and Ideas'. *Journal of Economic Perspectives*. 24 (2): 163–188.

Owen, Sri, 2003. *The Rice Book*. London, UK: Frances Lincoln.

Parry, John Horace, 1981. *Discovery of the Sea*. California, USA: University of California Press.

Polo, Marco and Ricci, Aldo (translator), 2001. *Travels of Marco Polo*. New Delhi, India: Asian Educational Services.

Ponting, Clive, 2001. *World History: a new perspective*. London, UK: Pimlico.

Renoux, Victoria, 2005. *For the Love of Garlic: The Complete Guide to Garlic Cuisine*. New Hyde Park, NY, USA: Square One.

Salaman, Redcliffe N., Burton, W. G and Hawkes, J. G, 1985. *The History and Social Influence of the Potato*. Cambridge, UK: Cambridge University Press.

Simmonds, W.H., 1912. *The Practical Grocer*. Vol. 1–4. London, UK: Gresham

Simon, Andre, 1952. *A Concise Encylcopedia of Gastronomy*. London, UK: Penguin.

Smith, A.F., 1994. *The Tomato in America: Early History, Culture, and Cookery*. Columbia SC, USA: University of South Carolina Press.

Smith, Andrew F., 2009. *The Turkey: An American Story*. Champagne, IL, USA: University of Illinois Press.

Smith, Andrew. DATE. *The Oxford Guide to American Food and Drink*. XX EDITION. Oxford, UK: OUP.

Stobart, Tom, 1980. *The Cook's Encyclopeadia*. London, UK: B.T. Batsford.

The National Archives of the USA: From the Archives: [nid:186251]. 'Thanksgiving with the Presidents'. November 21, 2002. https://obamawhitehouse.archives.gov/ blog/2012/11/21/archives-thanksgivingpresidents. (DATE ACCESSED).

Webster, A.L., 1844. *The Improved Housewife; or, Book of Receipts; with engraving for marketing and carving*. Hartford.

Wentworth, Harold and Flexner, Stuart Berg, 1960. *Dictionary of American Slang*. Springfield, OH: Crowell.

Wessinger, Kent J, 2017. *Creative practice and economic crisis in the Caribbean*. Oxon, UK: Routledge

Wilk, Richard and Barbosa, Livia (editors), 2013. *Rice and Beans: A Unique Dish in a Hundred Places*. London, UK: Bloomsbury.

Wiseman, Julian, 2000 *The Pig: A British History*. London, UK: Duckworth.

國家圖書館出版品預行編目資料

開箱歷「食」：食物的遠征如何改變人類飲
食,定義文明/德魯.史密斯(Drew Smith)作；
陳中偉譯. -- 初版. -- 新北市：世潮出版有
限公司, 2023.08
　　面；　公分. -- (閱讀世界；36)
譯自：Food roots
　　ISBN 978-986-259-083-6(平裝)

1. CST：飲食風俗　2. CST：食物　3.
CST：文明史

538.7　　　　　　　　　　112008128

閱讀世界36

# 開箱歷「食」：
# 食物的遠征如何改變人類飲食，定義文明

作　　者／德魯‧史密斯(Drew Smith)
譯　　者／陳中偉
主　　編／楊鈺儀
封面設計／林芷伊
出 版 者／世潮出版有限公司
地　　址／(231)新北市新店區民生路19號5樓
電　　話／(02)2218-3277
傳　　真／(02)2218-3239（訂書專線）　單次郵購總額未滿500元（含），請加80元掛號費
劃撥帳號／17528093
戶　　名／世茂出版有限公司
世茂網站／www.coolbooks.com.tw
排版製版／辰皓國際出版製作有限公司
印　　刷／傳興彩色印刷有限公司
初版一刷／2023年8月

I S B N／978-986-259-083-6
定　　價／360元

FOOD ROOTS by DREW SMITH
Conceived by Elwin Street Productions © Elwin Street Limited 2020
10 Elwin Street London, E2 7BU UK
This edition arranged with ELWIN STREET LIMITED through BIG APPLE AGENCY, IN
LABUAN, MALAYSIA.
Traditional Chinese edition copyright: 2023 SHY CHAUR PUBLISHING CO., LTD.
All rights reserved.

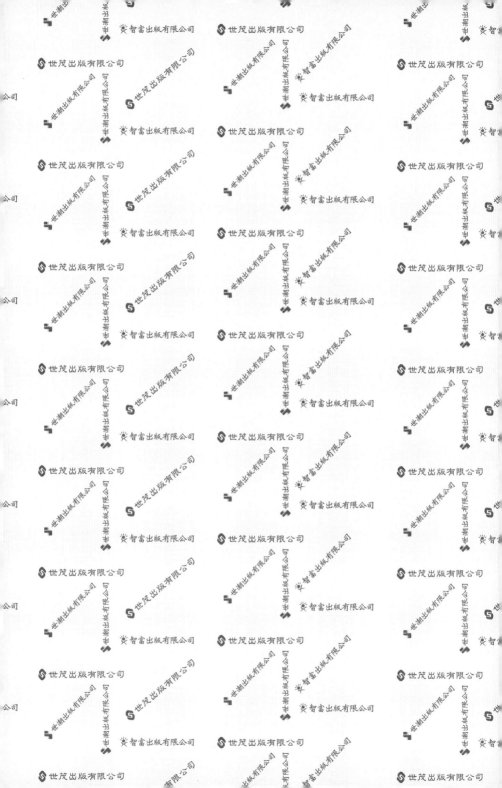